本书系广东省教育科学规划2022年度中小学教师教育科研能力提升计划重点项目“建构与基础教育高质量发展相匹配的教师培训课程体系——以江门市为例”（课题编号：2022ZQJK050）研究成果；广东省第三批基础教育教研基地项目园本教研基地阶段性研究成果。

建设高质量教师培训体系的区域实践

JIANSHE GAO ZHILIANG JIAOSHI PEIXUN TIXI DE QUYU SHIJIAN

刘丽灯◎著

哈尔滨工程大学出版社
Harbin Engineering University Press

内容简介

教育高质量发展是我国当前教育改革的核心任务。教育高质量发展离不开高质量教师队伍建设。本书以江门市为例，基于调查分析了江门市教师专业发展水平、教师培训现状和教师培训需求情况；基于实践介绍了江门市高质量教师培训体系建设的背景、指导思想、总体框架、主要目标、主要任务、发展历程和保障机制；基于案例呈现了江门市师训、干训、教研团队培训三类高质量教师培训的典型做法和经验，总结了江门市建设高质量教师培训体系的实践经验。

图书在版编目（CIP）数据

建设高质量教师培训体系的区域实践 / 刘丽灯著 . 哈尔滨 : 哈尔滨工程大学出版社 , 2024. 9. -- ISBN 978-7-5661-4530-7

Ⅰ. G451.2

中国国家版本馆 CIP 数据核字第 20240N648X 号

建设高质量教师培训体系的区域实践

JIANSHE GAO ZHILIANG JIAOSHI PEIXUN TIXI DE QUYU SHIJIAN

选题策划 王　丹
责任编辑 王　丹
封面设计 智诚源创

出版发行 哈尔滨工程大学出版社
社　　址 哈尔滨市南岗区南通大街145号
邮政编码 150001
发行电话 0451-82519328
传　　真 0451-82519699
经　　销 新华书店
印　　刷 武汉颜沫印刷有限公司
开　　本 787 mm × 1 092 mm　1/16
印　　张 15.75
字　　数 274千字
版　　次 2024年10月第1版
印　　次 2024年10月第1次印刷
书　　号 ISBN 978-7-5661-4530-7
定　　价 78.00元

http://www. hrbeupress. com
E-mail: heupress@hrbeu. edu. cn

PREFACE 前　言

百年大计，教育为本；教育大计，教师为本；教师发展，培训为本。系统的高质量教师培训对教师专业素养和教学能力提升，以及区域教育高质量发展具有举足轻重的作用；而系统的教师培训，需要高质量的区域教师培训体系作为支撑。因此，构建高质量的区域教师培训体系，是区域教育高质量发展的重要抓手。然而，很多地方在区域教师培训方面仍面临着一些突出问题。这些问题包括但不限于：培训活动碎片化，缺乏系统设计和长远规划，导致培训内容难以形成有效的培训体系；培训内容的针对性和实效性不强，培训质量普遍不高，低质重复的培训现象较为普遍。这些问题不仅浪费了大量的教育资源，影响了教师参与培训的积极性，制约了教师专业素养的提升，也影响了区域教育高质量发展。高质量教师培训体系建设不仅为教师培训工作提供了有力的支持，也为推动教育事业高质量发展注入了动力。

江门市以建设高质量教师培训体系为抓手，探索出了一条教师高质量培训的可行路子。作为广东省的一个重要城市，江门市近年来在教育事业上取得了显著成绩，其教师培训体系建设也走在了前列。通过系统规划、分层分类、精准施策，江门市在高质量教师培训体系建设方面取得了显著成效，为其他地区的教师培训体系建设提供了有益的借鉴和参考。

本书以江门市为例，从理论上分析了高质量教师培训体系的概念与特征、高质量教师培训体系的基础、高质量教师培训体系的原则和理论基础，基于调查分析了江门市教师专业发展水平、教师培训现状和教师培训需求情况，基于实践介绍了江门市高质量教师培训体系建设的背景、指导思想、总体框架、主要目标、主要任务、发展历程和保障机制，基于实践案例呈现了江门市师训、干训、教研团队三类高质量教师培训的典型做法和经验，纵深立体地展现了江门市建设高质量教师培训体系的实践经验。

本书为高质量教师培训体系建设提供了一个宝贵的区域实践样本，对从事教师培训工作的教育者和管理者具有很好的启示与借鉴价值，使他们从中汲取智慧和力量，共同为区域教师培训和教育发展贡献力量。

黄华明

2024年4月

CONTENTS 目录

第一章

绪　论

本章主要对建设高质量教师培训体系的研究背景和意义进行阐述，对国内外的研究现状进行述评，同时对本书的研究思路、方法和内容进行介绍。

第一节　研究背景与意义

一、研究背景

（一）高质量教师[1]培训体系是教师专业发展的根本保障

在当今快速变化的教育环境中，教师的专业发展已成为教育质量提升的关键。一个高质量的教师培训体系能够为教师提供持续的学习机会，帮助他们更新知识、提升技能、拓宽视野，从而更好地适应教育改革的需求。高质量教师培训体系不仅包括传统的课堂教学技巧培训，还应涵盖教育心理学、课程设计、教育技术应用、评价与反思等多个领域。通过这样的培训，教师能够更有效地应对学生多样化的学习需求，并运用创新的教学方法激发学生的学习兴趣，以提高教学效果。此外，高质量的教师培训体系还能够促进教师之间的交流与合作，形成共同成长的专业社群，这对于教师个人职业的发展和整个教育团队的凝聚力都有着不可估量的价值。

（二）建设高质量教师培训体系是党和国家的政策要求

党和国家高度重视教育事业的发展，明确提出要建设一支高素质、专业化的教师队伍。《新时代基础教育强师计划》等政策文件强调了教师培训的重要性，要求各级政府和教育部门要加大投入，创新培训模式，确保教师培训的质量和效果。建设高质量教师培训体系，是落实国家教育政策的具体行动，也是提升国民教育水平、实现教育现代化的战略选择。这样的体系应当与国家教育发展目标一致，注重教师的全面发展，强化师德师风建设，提高教师的教育教学能力，确保每一位教师都能够成为学生成长道路上的合格引路人。

（三）建设高质量教师培训体系是江门市基础教育高质量发展的现实选择

江门市作为广东省的重要城市，其基础教育的发展水平直接关系到地区

① 本书教师主要指从事基础教育的中小学教师和幼儿园教师，如无特殊说明，不含从事特殊教育、中职教育、高等教育的教师。

的整体竞争力和未来发展潜力。面对日益增长的教育需求和不断变化的教育环境，江门市迫切需要建设一个高质量教师培训体系，以支撑基础教育的高质量发展。这样的体系应当紧密结合地方教育实际，注重教师的实践能力培养，鼓励教师参与教育研究，推动教育教学创新。高质量的教师培训，可以提升教师的专业素养，激发教师的创新精神，进而提高教育教学质量，培养出更多适应未来社会发展需要的人才。这对于江门市乃至广东省的教育事业来说，是一项长远的战略投资，也是实现教育公平、促进社会和谐发展的重要途径。

二、研究意义

（一）理论意义

建设高质量教师培训体系在理论上具有深远的意义。首先，它有助于丰富和发展教育学、心理学、管理学等相关学科的理论体系。通过实证研究和实践探索，它可以揭示教师专业发展的关键因素，构建更为科学和系统的教师培训理论框架。其次，高质量教师培训体系能够促进教育公平，通过提升教师的教学能力和教育质量，缩小城乡、区域之间的教育差距，在理论上验证教育公平的实现路径。此外，教师培训体系的研究还能够推动教育评价体系的创新，为如何科学评价教师的专业发展提供理论支持。总之，高质量教师培训体系研究不仅能够推动教育学科的理论创新，还能够为教育实践提供理论指导，提升教育的整体水平。

（二）现实意义

从现实意义上讲，建设高质量教师培训体系对于提升教育质量、促进学生全面发展具有直接和显著的影响。高质量的培训能够帮助教师掌握先进的教育理念和教学方法，提高教学效果，从而更好地满足学生的学习需求。同时，教师的专业成长也能够激发学生的学习兴趣，培养学生的创新精神和实践能力，为学生的终身发展奠定坚实基础。此外，高质量教师培训体系还能够提高教师的职业满意度和幸福感，增强教师的职业吸引力，吸引更多优秀人才投身教育事业，这对于构建和谐社会、实现可持续发展具有重要的现实意义。

（三）政策意义

在政策层面，建设高质量教师培训体系对于实现国家教育战略目标具有重要意义。随着教育现代化的推进，教师作为教育改革的主体，其专业水平直接关系到教育质量的提升。高质量教师培训体系能够确保教师与时俱进，适应教育改革的要求，有效落实国家教育政策。此外，这样的体系还能够促进教育资源的合理配置，提高教育经费的使用效率，确保教育投入能够转化为教育质量的提升。在全球化背景下，高质量教师培训体系还能够提升国家的教育竞争力，为培养具有国际视野和竞争力的人才提供支持。因此，建设高质量教师培训体系是实现教育强国战略、推动社会进步的重要政策选择。

第二节 国内外研究现状

教师培训是教育领域中一项至关重要的任务，它涉及教师的职业发展、教学技能提升以及对学生全面发展的影响。然而，随着社会的发展和科技的进步，教师培训面临着许多新的机遇和挑战。例如，如何有效地传递价值观、如何提高教学技能、如何实施积极的教学策略，以及如何在多元化的教育环境中进行教学等，都是当前教师培训需要关注的问题。此外，教师培训的形式和内容也在不断变化。从传统的面对面培训到在线远程教育，从单一学科的教学到跨学科的综合教学，从理论知识的传授到实践技能的培养，教师培训的内容和形式都在发生着深刻的变化。同时，教师培训的需求也在不断变化，这就要求我们必须根据实际情况来设计和优化培训方案。下面将围绕以上问题进行深入探讨，旨在全面了解教师培训的现状、挑战与发展趋势，以期为教育工作者提供有价值的参考信息。我们将首先讨论教师培训面临的主要挑战，其次分析各种新型教师培训模式的优势和局限性，最后预测未来教师培训可能的发展方向。

一、初始教师培训

初始教师即新入职教师。初始教师培训是教育领域中的一个重要方向，它关注如何为未来的教育工作者提供适当的知识和技能。这一培训不仅涉及传统的教学方法和技巧，还涉及如何应对当前社会和技术的挑战。近年来，许多研究者对这一领域进行了深入研究，探讨了不同的培训方法、策略和影响因素。

国内学者杜绍义基于美国中小学新教师入职培训政策与实践的新动向，讨论了我国中小学新教师的培训，提出了初任教师阶段，以及在该阶段所接受的培训与教育对于教师的专业成长、职业发展、人生规划的重要意义；同时提出，我国应该借鉴美国的经验，完善政策法规，创新培训模式，构建评价体系[①]。谢志法根据自己对新教师专业成长需要什么的理解，提出培训要基于新教师专业成长，培训内容要贴近新教师成长的需求，如教育素养养成、教学素养提高、管理能力增强；培训模式要依据培训内容选择和创新，如“讲授－互动”培训模式、协同培训模式、案例式培训模式、“自主发展学习”培训模式[②]。姚婧、梁伟其认为，新教师培训的目的是促进教师专业化发展。新教师成长的过程性与培训的时效性、新教师成长的主体性与培训的政策性之间的矛盾，导致了培训效果的缺失。对此，培训工作者与新教师应及时调整培训的期望值，让新教师主动参与到培训活动中，并使培训内容与培训形式更具有针对性[③]。吴欣歆认为，新教师培训课程设置的关键是有效推进“经验知识”的建构。其中，课程目标应指向新教师专业发展的核心能力。课程分“职前预备课程”和“职后跟进课程”两类，形成基于真实情境的“嵌套式”课程结构。依托项目学习的方式推进课程实施，培训者可依据新教师专业发展的具体要求设计研修项目，如备课工作坊、教学作品分析、主题式教学诊断与改进等。新教师培训的课程评价应与课程实施同步推进[④]。

国外学者在2020年的研究中，重点关注了大学教师传递给学生的价值观如何影响初始教师培训。该研究发现，尽管大学教师明确表示他们试图批判这种新自由主义的经济、社会和心理想象，但他们仍然倾向于隐含地复制与主导的社会话语相关的价值观和态度。这意味着我们需要分析大学向未来教育工作者传递的价值观，并确定它们是否有助于促进更公平、更好的社会的培训。2021年的另一项研究则关注了高等教育学生对于信息和通信技术（ICT）课程整合的看法。这项研究旨在了解未来教师对于ICT的态度和认识，以及使用数字技术的阻碍和推动因素。结果显示，存在一些阻碍因素，如培训中心资源不

---

① 杜绍义：《美国中小学新教师入职培训政策与实践的新动向——兼论我国中小学新教师培训》，《中小学教师培训》2016年第4期。

② 谢志法：《新教师专业成长需要什么——关于新教师培训内容和模式的思考》，《中小学教师培训》2008年第9期。

③ 姚婧、梁伟其：《浅析新教师培训效果缺失的原因及对策》，《教育与职业》2011年第18期。

④ 吴欣歆：《新教师培训课程设计：有效推进“经验知识”的建构》，《中小学管理》2016年第2期。

足，但也有一些推动因素，如个人资源的可用性。此外，学生对ICT的教育使用持有积极和开放的态度。相关论文从不同的角度探讨了教师初始培训的问题。一篇论文通过系统回顾的方式，探讨了形成性研究在教育学院和学校中的应用情况。另一篇论文则强调了技能培训的重要性，认为学生应该学会如何适应不断变化的环境，并能够批判性地选择最合适的知识来应用。对比这些论文，我们可以看到它们都关注了教师初始培训的不同方面。Enrique Javier的研究主要关注了大学教师的价值观如何影响培训，而其他研究则更多地关注了技术和技能培训。同时，这些研究也提供了不同的视角和方法来解决教师初始培训中的问题，如批判性思维、技术整合和技能培养等。不过，所有这些研究都强调了为未来的教育工作者提供适当和有效的培训的重要性。

二、教师培训策略

教师培训策略是教育领域中的一个重要研究方向。随着教育现实的复杂性不断增加，人们对未来教师的专业培训需求也日益增长。有效的教师培训策略不仅能够提高教师的教学能力，还有助于培养他们的专业素养和创新能力。近年来，许多研究者对此进行了深入探讨，提出了多种创新的培训方法和策略。

国内学者郭绍青、张乐、陈莹认为，在网络环境的支持下更加有效地开展参与式教师培训，促进教师培训效果的提高，是网络环境支持的参与式教师培训研究的主要目标。网络环境支持的参与式教师培训，以参训教师的参与互动为特色，以网络环境为支持和载体，以参训教师交流、讨论、反思、协作、探究、总结等为主要形式，以专家引导总结讲解为有效补充，在网络环境的支持下，有效开展参与式教师培训活动，促进培训效果的有效提升①。翟理红、张剑辉以贵州省为例，介绍了农村幼儿园转岗教师的培训策略，提出了“基于现实，基本胜任，入职接轨”的适宜性培训策略。具体来说，其适宜性培训策略包括以下四点：多维课程联动，架构以教师主体性发展为核心的多元课程

① 郭绍青、张乐、陈莹：《网络环境支持的参与式教师培训策略研究》，《中国电化教育》2011年第12期。

模式；以体验为本，探索有意义的培训形式；从整体教育观念出发，实施训前训后实践课程一体化管理；关注教师职业适应能力，探索多形式的训后跟踪指导机制①。曲中林从教师培训的目的、内容、结构、时空环境、方式方法、组织管理、评价等多角度入手，提出只有实现教师培训“权益性、效能化；主体性、人本化；示范性、操作化；规范性、弹性化；实践性、现实化；探究性、反思化；整合性、聚合化；生命性、个性化；全景性、网络化”九个要点，才能保证其工作效果②。

国外学者 Rivera 等的研究旨在为教育学生的师范教育提供一种基于积极教学法的应用策略。他们采用了定性研究方法，通过案例研究的方式来制定教师培训的方法。该研究认为，培训过程应被视为一个案例研究，从与初等教育和基础教育教师专业培训相关的基本理论方面进行分析。结果显示，这种培训方案有助于深化与教师专业培训相关的超越内容以及有效执行的政策。Yeong 等则从活动理论的角度出发，研究了十五名专门教授英语作为外语（EFL）的教师如何在 CALL 培训课程中融入新获得的技术知识，并将其与他们关于教学和学习的信仰及实践相结合。研究发现，当教师实现与材料和概念工具的创造性互动的自主权时，CALL 培训可以带来积极的变化。Chiraag 等评估了悉尼大学医学院于 2016 年采用的一种同伴教学培训（PTT）计划。该计划旨在支持英国医学本科生技能的发展。该培训在莱斯特大学的学生中得到了应用，并获得了良好的反馈。Nieuwelink 等对荷兰所有学士和硕士层次的教师培训课程的知识库进行了分析，旨在了解公民教育在荷兰教师培训中的关注程度，以及不同领域的公民教育和教师在公民教育方面的任务如何完成。研究发现，虽然多个公民教育领域被提及，但它们很少在一个知识库中一起出现。此外，一些知识库似乎缺乏方向感，好像所有的意见和处理多样性的方式都是可取的。总的来说，这些研究都强调了教师培训策略的重要性，并提供了多种创新的方法和

① 翟理红、张剑辉：《农村幼儿园转岗教师培训策略分析——以贵州省为例》，《中国教育学刊》2013 年第 8 期。

② 曲中林：《有效教师培训策略九要点》，《当代教师教育》2010 年第 3 期。

策略来提高教师的专业素养与教学能力。不同的研究从不同的角度出发，提出了各自的培训方法和策略，为未来的教师培训提供了有价值的参考。

三、教师培训模式

教师培训模式是教师培训研究的重点。国内学者万福提出，校本教师培训在教师教育中具有重要及独特作用。校本教师培训应从实际出发，按教师专业发展阶段，采取多种形式分期开展；在转变培训观念的基础上，建立和完善校本教师培训机制[①]。曾琦认为，教师素质是影响课程改革进程的关键因素。教师培训是各国课程改革的重要内容。今后教师培训模式将向着培训目标人本化、培训内容综合化、培训方式多样化的方向发展。目前我国教师培训存在观念与方式相脱节、忽视教师已有的教育背景、混淆高层次学习与基础学习的界限等弊端，建议借鉴建构主义学习理论构建合作探究型教师培训模式[②]。王冬凌认为，高效教师培训模式是指追求培训效果最大化的模式，是教师培训的各个要素的优化组合及发挥最大培训效益的范式。探索教师培训工作的运行规律、实施高效教师培训模式应在培训思想上坚持“以人为本”的培训价值观；在培训目标上以促进学员可持续发展为目标取向；在培训课程上以激活学员的实践知识为重要取向；在培训实施上以参与式培训为核心策略等[③]。王北生、任青华认为，国培计划“置换脱产研修培训”模式在过往的培训中发挥了较大作用，但仍存在各阶段培训模式固定单一、阶段与阶段之间缺乏有机结合等问题，提出要结合“置换脱产研修培训”的实际着重对教师培训模式进行优化和创新：从“顶岗置换”到“三角置换”的县区参与培训模式；从“固定单一”到“多环组合”的院校混合培训模式；从“固校制”到“走校制”的影子教师实践模式[④]。

---

① 万福：《校本教师培训模式研究》，《教育研究》2002 年第 1 期。

② 曾琦：《教师培训模式的现状分析及改革建议——建立合作探究型教师培训模式的设想》，《中国教育学刊》2000 年第 5 期。

③ 王冬凌：《构建高效教师培训模式：内涵与策略》，《教育研究》2011 年第 5 期。

④ 王北生、任青华：《“国培计划”教师培训模式的优化及创新》，《中国教育学刊》2014 年第 9 期。

国外多元化教师培训模式是研究的重要方向，它强调在教师培训中融入多样性和包容性的理念，以确保所有学生都能获得高质量的教育。这一领域的核心是如何设计和实施培训项目，以满足不同背景、文化和能力的学生的需求。其中，有研究提出了一个针对 STEM（Teacher Institutes Education Model）教育专业发展的教育模型，旨在为教师培训制订一个共同的专业发展计划。总的来说，这些研究都强调了在教师培训中融入多样性和包容性的重要性，并提出了一系列方法和策略来实现这一目标，为提高教师的专业素养和满足不同学生的需求提供了有力的支持。

四、教师培训需求

教师培训是教育行业的重要环节，旨在提高教师的教学能力和理论素养，促进其专业发展。然而，如何设计和实施有效的教师培训项目，以满足不同阶段教师的发展需求，一直是教育研究者和实践者关注的焦点。国内学者韩素兰、王全乐认为，教师培训课程的设置取决于其培训需求，教师培训需求转化为培训课程需要确定培训需求信息的来源，了解教师的培训需求情况，筛选培训需求信息，对培训需求进行科学分析与分类，设置满足培训需求的课程。对培训需求的分析要兼顾社会需求、组织需求、岗位需求及个人需求之间的关系；培训需求信息要去伪存真，从现象中发现本质，既要关注显性需求，又要关注隐性需求；课程设置既要满足原有需求，又要满足生成性需求[①]。张海珠认为，基于“教师专业标准”构建的教师培训需求分析模式对教师培训效果的提升具有显著的促进作用。中学教师可以将“教师专业能力检核标准”作为参照和目标，检测自己的水平所处的层级，反思自己的水平需要改进和完善的要素，明确自身水平发展的方向，增强专业发展的自觉性。管理人员可以将“教师专业能力检核标准”作为制定教师培养目标、设置教师培训课程、整合教师培训资源、评价教师能力水平、制定教师发展规划、促进教师专业发展的基本

① 韩素兰、王全乐：《教师培训需求转化为培训课程的策略研究》，《教育理论与实践》2013 年第 33 期。

依据，构建有效的教师培训模式，设计有效的教师培训方案[①]。何小忠、韩念佟认为，乡村教师具有积极而明确的培训动机，倾向于获得实践性和技能型的培训内容，以及由有教学经验的一线优秀教师担任培训者，采取直观性和体验式的培训方式，在学期工作日参加短期培训。教学任务重和培训项目实施不合理等是乡村教师培训的主要影响因素。为此，应优化乡村教师培训环境、项目类型、课程资源、培训方式、培训者和培训功能，提高乡村教师培训的针对性、影响力、实效性，做人本化、"有温度"和微型化的培训[②]。

国外学者在教师培训需要研究中更多关注于如何将科学方法和技术融入教育与培训中，以提高教学质量、增强学员的学习体验并为未来的职业实践做好准备。2020年，有一项关于学校开发教学材料用于教师培训的实验研究。在项目的前半部分，学员在培训教师的支持下开发教学材料；在项目的后半部分，学员向教师展示并解释自己的材料，并在教师培训环境中讨论和反思这些材料的实际应用，这为他们提供了对未来职业生涯的广泛了解。2021年，有研究探讨了高保真度的基于人工智能（AI）的模拟课堂系统，该系统使教师能够练习有效的教学策略。然而，对于如教授学生关于比例因子这样的对话导向的开放式对话来说，建模可能会很困难。因此，这篇论文构建了一个基于文本的交互式会话代理，帮助教师练习数学提问技能。2021年的另一项研究试图识别大学教材的社会表征，设计并实施一个提议来优化其物理、化学和技术等学科教师培训的模式，通过应用唤起和分层技术，唤起学生应对未来职业实践中的应用愿望。研究深入分析了四个维度（内在、学科、功能和方法论）的大学教材知识。Barros在2022年的研究中探讨了神经方法论的概念，这是一个我们在科学数据库和专业文献中很少能找到的信息。这项工作的主要目标是分析教学方法、教学神经方法论、教育包容性、技术和教师培训之间的关系。对比这些论文，它们都强调了科学方法和技术在教师培训中的重要性，以及如

① 张海珠:《教师培训需求分析模式研究——基于"教师专业标准"的探讨》,《课程·教材·教法》2017年第37卷第12期。

② 何小忠、韩念佟:《乡村教师培训需求的特点分析及其启示》,《教师教育论坛》2017年第1期。

何将这些方法和技术应用于实际的教学场景中，不同之处在于每篇论文都提出了不同的方法或工具来实现这一目标。

五、远程教师培训

数字化环境下的教师培训是近年来教育领域的一个重要研究方向。随着技术的进步和教育环境的变化，如何有效地为教师提供远程培训变得尤为关键。

国内学者韩骏认为应该全面引领大规模远程教师培训。引领可以归结为方向性引领、知识性引领和激励性引领三种。由于大规模远程教师培训具有参与者众多、多种学习方式并存、课程没有标准等特点，因此要保证大规模远程教师培训的质量和实效，引领的思想特别值得重视，并将三种引领综合贯穿于培训项目实施的全部过程，特别体现在培训项目的组织管理、课程开发、技术支持、学习支持等重点环节[①]。孔繁成认为，教育元宇宙赋能远程教师培训的实质是为教师服务；每一位远程培训生的伙伴是数字人教师 + 多维教育场景；由浅度沉浸到深度沉浸是虚实融合的网络学习平台的必然；虚拟与现实并行体现为远程培训生身在现实世界，神、情、意体验于虚拟世界。由于我国教育元宇宙专业人才供给匮乏，教育元宇宙技术规则和标准研制刚刚起步，其核心技术尚在发展和完善之中，教育元宇宙赋能远程教师培训成为常态还为时尚早[②]。

国外这方面的研究不仅关注技术的应用，还涉及教师的情感、心理准备以及与学生的互动方式。Vladimir 在 2021 年的研究中分析了洲际和国家对教师专业活动准备的要求，并确定了数字化教育背景下教师培训的重要性趋势。该研究指出，当前的科学研究影响着未来教师培训的各个方面，但主要考虑了教师专业培训的某些方面。其中，有几个有前景的方向被识别出来：发展方法论概念、战略性的国家项目和计划、确保商业组织、国家和公共机构的利益平

① 韩骏：《全面引领在大规模远程教师培训中的意义和实现》，《中国电化教育》2011 年第 4 期。
② 孔繁成：《教育元宇宙赋能远程教师培训的现状分析与思考》，《教育导刊》2024 年第 3 期。

等性等。第二篇 2021 年的论文从 K–12 教师和管理员的教育角度回应了一篇关于表现反馈与情感之间关系的论文。该论文建议将情感评估纳入新的数字学习平台，以解决情感压力和教师疲劳的问题，从而避免教师流失。第三篇论文则聚焦于远程教育中的教师培训经验。通过焦点小组讨论，研究发现学员更倾向于认为远程教育提供的是机会而非真正的教育体验。因此，互动和角色模型在学习环境中是必要的。第四篇 2022 年的论文探讨了正式和非正式教育中的教师培训问题。由于近年来这一领域的高需求，大学、科学社团和公司都对其进行了深入研究，特别是在新型冠状病毒感染疫情防控期间，虚拟模式在教育领域的重要性得到了进一步的确认。对比这些论文，它们都强调了数字化环境下教师培训的重要性，并提出了不同的方法和策略来应对这一挑战。

六、教师培训体系

教师培训体系是国内研究者关注的重要议题，国内一些学者由于不太关注宏大的研究议题，因此很少研究教师培训体系。在国内代表性的研究中，申文缙、周志刚在协同视阈下对德国职业教育教师培训体系进行研究，认为培训是促进教师专业发展、提升教师队伍建设水平的有效途径。德国致力于职业教育教师培训体系的改革与发展，当前体系建设呈现以下鲜明特色：以人为本的培训价值观、多元开放的组织体系、协同共建的运行机制、民主协商的评价文化。协同培训体系改进了培训系统结构，增强了系统整体功能，提高了培训质量与效益，在世界职业教育教师培训领域树立了典范①。

毛天平研究基于系统理论的高职院校教师培训体系构建，认为教师培训是提升高职院校教师素质，强化高职院校核心竞争力，推动高职院校可持续发展的应然性选择。构建一个科学、有效的高职院校教师培训体系是做好高职院校教师培训工作的基本前提。在设计高职院校教师培训体系时，应以系统理论为指导，将高职院校教师培训看作一个由培训理念、培训目标、培训主体、培

① 申文缙、周志刚:《协同视阈下德国职业教育教师培训体系研究》,《外国教育研究》2017 年第 44 卷第 4 期。

训客体、培训内容以及培训途径组成的有机整体，即以以人为本、系统、创新和实用等理念为统领，围绕宏观、中观和微观三大培训目标，充分发挥校内外专家、新教师等五大培训主体的作用，采取校内外理论培训和校企合作实践培训相结合的路径，不断提高高职院校教师的教育、教学、科研能力和掌握企业领域新技术的实际操作技能①。

葛晓英等认为，培训是促进幼儿园教师专业发展的重要手段，高质量的教师培训可以有效提升教师的专业素质和幼儿园的教育质量。随着大数据时代的发展和幼儿园教育情境的日趋多样化与复杂化，传统培训越发难以满足教师专业发展的需要。在此时代背景下重构幼儿园教师培训体系，就是要利用大数据准确了解幼儿园教师的培训需求，使培训更为精准化；利用大数据构建幼儿园教师培训资源库，满足教师专业学习的多样化需求；利用大数据构建合理的教师培训方案和培训课程，实行分层培训，提高培训的适切性和有效性②。

王金涛认为，"国培计划"的顺利实施离不开县域教师培训体系的强力支持。构建县域教师培训体系能够有针对性地解决乡村教师的实际问题，有效应对信息技术带给教师培训的改变，促进乡村教师的可持续发展。其在构建过程中需坚持一体化、发展性和常态化的价值取向，从横向和纵向两个方面规划设计、整合资源，做到差异化定位县域内各类培训项目、整体调控各类项目实施过程，以及有机整合教研、教学与培训活动，发挥小实体、多功能、大服务的优势③。

卢德生、巴登尼玛认为，西部农村中小学教师培训的现实不足决定了建立适应区域实际教师培训体系的必要性。该体系建设包括三个组成部分，即从培训课程、教学方法和评价方法三方面更新培训的方法体系；从多层次培训网络、基层教师培训机构、校本教研制度三方面建设培训的平台体系；从物资、

① 毛天平：《基于系统理论的高职院校教师培训体系构建》，《四川理工学院学报（社会科学版）》2012 年第 27 卷第 3 期。

② 葛晓英、王默、杨冬梅：《大数据时代背景下幼儿园教师培训体系的重构》，《学前教育研究》2020 年第 9 期。

③ 王金涛：《"国培计划"背景下县域教师培训体系构建的价值取向与实施策略》，《中小学教师培训》2018 年第 4 期。

组织和动力三方面建设培训的支持体系[①]。

综上，教师培训研究是一个多元且复杂的研究领域，从初始教师培训，到教师培训策略、教师培训模式、教师培训需求和远程教师培训，再到教师培训体系都有涉及，已经积累了较为丰富的研究成果。国内学者已经对教师培训体系进行了较多研究，这些研究为本书的研究提供了材料和基础。但是应该看到，教育培训体系研究中个案研究和实践经验研究仍显不足，为本书的研究留下了一定的空间。

① 卢德生、巴登尼玛:《论西部农村教师培训体系建设》,《中国教育学刊》2008 年第 5 期。

第三节　研究思路、方法与内容

一、研究思路

本书研究的思路是：首先，开展理论研究，对高质量教师培训体系的内涵、特征、功能、基础、构成和原则等进行介绍，以把握高质量教师培训体系的理论要义，为研究奠定理论基础。其次，开展调查研究，对江门市教师发展状况、教师培训需求、问题等开展调查，明确江门市教师培训体系建设的现实背景和目标靶向，为研究奠定现实基础。再次，开展实践研究，对江门市高质量教师培训体系建设的背景、指导思想、总体框架、主要目标、主要任务、发展历程、保障机制等进行介绍，以展现江门市教师培训体系建设的顶层设计与实践推进概况，为研究奠定实践基础。最后，开展案例研究，对江门市高质量师训、干训、教研团队三类培训典型案例进行介绍，以呈现江门市打造高质量教师培训的实践经验，为江门市高质量教师培训体系建设的实践成果提供证据。

二、研究方法

（一）调查研究法

为准确掌握江门市 49 000 名（30 000 多名公办教师、10 000 多名民办教师）中小学教师队伍培训现状和培训需求，本书采取多形式、多层次、多渠道调查方式，以问卷调查法与访谈调查法相结合，对江门市教师培训相关方面展开调查研究。其中，问卷调查参考了《中学教师专业标准》《小学教师专业标准》《区域中小学教师专业发展研究》等标准和研究成果。问卷调查主要分为三个部分，分别是江门市中小学教师队伍结构调查、江门市中小学教师发展现状调查和江门市中小学教师培训需求调查。约 18 000 名教师填写了问卷，占江门市中小学教师总人数的 37%。实地调研为遴选本市最具代表性的四个县（市、区），以分层随机抽样的方法进行。抽取样本校 12 所，涵盖了城市、农村等不同经济发展水平的各县（市、区）；学校类型包括优质校、一般校和基础较薄弱校；调查学段以义务教育段为主，也包括两所高中学校。样本校同样采取随机抽样的方法，抽取样本 57 个，约占样本校教师总数的 2.5%。网络调研程序大致为分维度设计调研问卷—编制发布调研问卷—教育行政部门发布调研通知—教师填写问卷。实地调查采取了课堂观察与现场对话相结合的方式，现场对话包括召开座谈会和说课。实地调研程序大致为通过各县（市、区）师资培训部门，获取 2018 年的教育统计数据；听取师资培训部门介绍教师队伍和本区域开展教师培训的基本情况；与各县（市、区）学科教研团队进行座谈，对其进行调研方法培训；进入调研校，按照课表随堂听课，听取被听课教师说课并对其访谈，召开校长、教师代表座谈会。

（二）个案研究法

个案研究法（case study method）是一种定性研究方法，它通过对特定个体、事件、现象或组织在一定时间内的深入研究，来探索和理解其内在逻辑、过程和背后的复杂因素。个案研究法广泛应用于教育学、心理学、社会学、医学等多个领域。个案研究法的目的在于深入了解和分析研究对象的独特性，揭示其内在机制和外部影响因素，从而获得对特定现象更深刻的理解。个案的选择通常基于研究目的和研究问题。本书以江门市为例，对建设高质量教师培训体系的区域实践进行探索。江门市经过多年探索和实践，在建设高质量教师培训体系方面做出了可贵探索，积累了有效经验，值得关注。

（三）案例研究法

案例研究法（case study research）是一种定性研究方法，它通过对一个或多个案例进行深入、详细的研究，来揭示现象的复杂性和独特性。江门市在高质量教师培训体系建设中积累了很多典型的教师培训案例。本书遴选了江门市高质量师训类、干训类、教研团队培训类典型案例，将这些典型案例作为对象加以描述和分析，以呈现江门市建设高质量教师培训体系独特而丰富的经验。

（四）材料分析法

资料是研究的基础。本书的研究建立在大量研究资料的基础上。为了有效阐释江门市高质量教师培训体系，本书系统收集和整理了相关资料。这些资料包括国内外相关研究文献资料、广东省和江门市有关培训政策资料、江门市教师培训相关资料等。本书根据研究需要，对相关资料进行分析处理，以作为本书的重要资料支撑。

三、研究内容

本书包含高质量教师培训体系建设的理论研究、江门市高质量教师培训的调查研究、江门市高质量教师培训体系建设的实践研究、江门市高质量教师培训体系建设案例研究四部分。全书内容共七章。第一章为绪论，主要对研究相关背景、意义、现状、思路、方法、内容等进行说明。第二章为高质量教师培训体系建设的理论研究，主要对高质量教师培训体系的内涵与特征、高质量教师培训体系的功能和基础、高质量教师培训体系的构成与原则、高质量教师培训体系的理论基础进行了介绍。第三章为江门市高质量教师培训的调查研究，主要对江门市中小学教师培训情况、专业发展状况、教师培训现状、教师培训需求等展开调查，做足高质量教师培训体系建设基础工作。第四章为江门市高质量教师培训体系建设的实践研究，主要对江门市高质量教师培训体系建设的背景、指导思想、总体框架、主要目标、主要任务、发展历程、保障机制等进行介绍。第五章至第七章为案例研究，主要对江门市高质量师训类、干训类、教研团队培训类实践案例进行介绍和分析。

第二章

高质量教师培训体系建设的理论研究

高质量教师培训体系是高质量教师培训的保证。本章主要对高质量教师培训体系进行理论阐述，包括对高质量教师培训体系的内涵与特征、高质量教师培训体系的功能和基础、高质量教师培训体系的构成与原则及理论基础等进行分析与介绍。

第一节　高质量教师培训体系的内涵与特征

一、教师培训体系的内涵与特征

教师培训体系是教师专业发展的重要支撑。教师培训体系是指为提升教师专业能力和教学质量而设计的一系列有组织的培训活动与计划。一个高质量的教师培训体系应当是灵活的、可持续的，并能够适应教育环境的变化。它应当鼓励教师积极参与，促进教师之间的合作，支持教师的个人和职业发展，最终提升教学质量和学生的学习效果。

教师培训体系的特征体现在：

其一，全面性。培训体系应全面覆盖教师所需的各种知识和技能，包括专业知识、教学技能、信息技术应用等。

其二，灵活性。培训方式应灵活多样，适应不同教师的学习风格和时间安排，如线上课程、工作坊、研讨会等。

其三，参与性。鼓励教师主动参与培训过程，通过案例分析、项目研究等方式，提高培训的互动性和参与度。

其四，个性化。考虑到教师个体差异，培训体系应提供个性化的学习路径，满足不同教师的发展需求。

其五，更新性。随着教育理念和技术的不断更新，培训体系也应保持动态更新，确保教师能够掌握最新的教育知识和技术。

其六，整合性。培训体系应整合校内外资源，包括高校、研究机构、教育行政部门等，形成合力支持教师发展。

其七，激励性。通过奖励机制、职称评定等方式，激励教师积极参与培训，提升自身素质。

二、教育高质量发展的内涵与特征

教育高质量发展是指在教育领域追求质量优先、效率提升、创新驱动和可持续发展的模式。

教育高质量发展的特征包括：

其一，质量导向。强调教育质量的提升，注重学生全面发展，培养学生创新能力和实践能力。

其二，效率提升。通过优化资源配置和教学管理，提高教育投入的产出效率。

其三，创新驱动。鼓励教育创新，包括教学方法、评价体系、管理机制等方面的创新。

其四，可持续发展。注重教育的长远发展，确保教育体系能够适应社会变化，满足未来社会的需求。

其五，公平性。努力缩小城乡、区域、校际的教育差距，实现教育公平。

其六，开放性。推动教育的国际化，加强国际交流与合作，吸收国际先进的教育理念和实践。

其七，适应性。教育体系应具备良好的适应性，能够快速响应社会、经济和技术的变化。

其八，评价导向。建立以学生为中心的评价体系，注重过程评价和结果评价的结合，促进教育质量的持续提升。

通过构建高质量的教师培训体系，可以为实现教育高质量发展提供坚实的人才支撑，推动教育事业不断向前发展。

三、高质量教师培训体系的内涵与特征

高质量教师培训体系的实质是一个系统化、结构化、持续化的培训机制，旨在全面提升教师的专业素养和教学能力。

高质量教师培训体系的特征体现在以下几个方面：

其一，系统化。高质量的教师培训体系应当是一个结构完整、层次分明的系统，它从教师的入职培训开始，贯穿其整个职业生涯，包括初级、中级和高级阶段的培训，确保教师在不同发展阶段都能得到相应的支持和指导。

其二，个性化。考虑到教师个体差异，培训体系应提供定制化的培训内容和路径，满足不同教师的专业发展需求，包括针对不同学科、不同教学经验、不同学习风格的教师设计差异化的培训计划。

其三，实践导向。培训内容应紧密结合教学实践，强调理论与实践的结合。通过案例分析、教学观摩、教学实验等方式，使教师能够在实际教学中应用新知识、新技能。

其四，持续发展。高质量的教师培训体系强调终身学习的理念，鼓励教师持续更新知识、提升技能。这要求培训体系具有灵活性和适应性，能够随着教育政策、教学方法和技术的发展而不断更新。

其五，评价与反馈。建立科学的评价体系，对教师的培训效果进行定期评估，确保培训质量。同时，通过反馈机制，收集教师的意见和建议，不断优化培训内容和方法。

其六，资源整合。高质量的教师培训体系应整合校内外资源，高校、研究机构、教育行政部门等应形成支持教师发展的合力，包括提供丰富的学习资源、专家指导、实践基地等。

其七，政策支持。政府和教育行政部门应提供必要的政策支持，包括资金投入、时间保障、职称评定等，以激励教师积极参与培训，提升自身素质。

其八，国际视野。在全球化背景下，高质量教师培训体系应注重国际交流与合作，引入国际先进的教育理念和教学方法，培养具有国际视野的教师。

综上，高质量教师培训体系的内涵是一个多层次、多维度的概念，它不仅关注教师专业知识和技能的提升，还涵盖了教师职业素养、创新能力、终身学习意识以及对教育变革的适应性。高质量教师培训体系能够有效地提升教师的专业水平，促进教育质量的整体提升，为实现教育的高质量发展奠定坚实的基础。

第二节　高质量教师培训体系的功能和基础

一、高质量教师培训体系的功能

高质量教师培训体系对于教育系统至关重要，它通过多种功能来提升教师的专业素养和教学质量，从而直接影响学生的学习成效和整体教育质量。

高质量教师培训体系的主要功能体现在：

其一，提升专业能力。高质量教师培训体系的首要功能是提升教师的专业能力。这包括帮助教师掌握最新的教学方法、学科知识、课程设计、评估技巧和学生心理等。通过这些培训，教师能够更有效地进行教学设计、实施教学计划、评估教学效果，从而提高学生的学习成效。

其二，更新教育理念。高质量教师培训体系不断引入新的教育理念和教学模式，如翻转课堂、项目式学习、合作学习等，帮助教师更新教学观念。这种更新有助于教师更好地理解学生的学习需求，采用更具包容性和创新性的教学方法。

其三，激发教师动机。通过提供有趣且具有互动性和挑战性的培训内容，健全培训体系，从而激发教师的学习兴趣和内在动机。这种动机的提升有助于教师保持积极的工作态度，主动参与教育改革和创新活动。

其四，持续发展专业。高质量教师培训体系鼓励教师持续学习和发展，提供持续的专业发展机会，如进阶课程、研讨会、学术会议和在线学习资源。这种持续发展有助于教师适应教育领域的快速变化，保持教学实践的现代性和相关性。

其五，促进教育创新。高质量教师培训体系通过介绍和实践新的教育技术与工具，促进教育创新。教师可以学习如何利用信息技术、多媒体和其他教学辅助工具来丰富教学内容与提高课堂互动性。

其六，建设社区网络。高质量教师培训体系通过建立专业社群和网络，促进教师之间的交流和合作。这种社区网络建设有助于教师分享最佳实践、解决共同面临的挑战，并在专业上相互支持。

其七，推动教育公平。高质量教师培训体系特别关注资源不足和处于不利位置的学校与教师，通过提供定向培训和资源支持，帮助这些教师提升教学能力，从而推动教育公平。

其八，保障教育质量。高质量的教师培训体系能够确保教师具备必要的专业知识和技能，从而提升教育质量。高质量的教师是提高学生学习成绩和学校教育成果的关键。

其九，反馈和改进机制。培训体系包含定期的评估和反馈机制，通过考核、教学观摩、学生和教师反馈等方式，评估培训效果，并根据反馈进行调整和改进。

其十，培养领导力和协作能力。高质量教师培训体系还注重培养教师的领导力和协作能力，使他们能够在教育团队和学校管理中发挥更大的作用，推动学校的整体发展。

总之，高质量教师培训体系不仅有助于提升个体教师的专业水平，还有助于构建一个更加高效、创新和公平的教育系统。

二、高质量教师培训体系的基础

高质量教师培训体系需要有坚实的基础。高质量教师培训体系的基础如下。

（一）培训制度基础

高质量教师培训体系首先需要建立在坚实的制度基础之上。高质量教师培训体系的制度基础包括：

其一，政策框架。确保培训体系与国家教育政策和地方教育发展规划相一致，为教师培训提供政策指导和法律支持。

其二，标准化流程。制定标准化的培训流程，包括教师选拔、培训内容设计、实施、评估和认证等环节，确保培训活动的规范性和系统性。

其三，持续改进机制。建立持续改进机制，通过定期的培训效果评估和反馈，不断优化培训内容和方法，提高培训质量。

其四，激励与认可。设计有效的激励措施，如提供职业发展路径、职称晋升机会、奖金等，以提高教师参与培训的积极性。同时，建立教师培训成果的认可体系，让教师的努力得到应有的回报。

（二）培训团队基础

培训团队的专业性和经验是高质量培训的关键。高质量教师培训体系的培训团队基础包括：

其一，专业培训师。选拔具有深厚教育理论基础和丰富教学实践经验的教师担任培训师，他们能够设计和实施符合教师需求的培训课程。

其二，学科专家。邀请各学科领域的专家学者参与培训，为教师提供最新的学科知识和教学趋势，确保培训内容的前沿性和深度。

其三，实践导师。选拔一线优秀教师作为实践导师，他们能够通过亲身示范和经验分享，帮助参训教师解决实际教学中的问题。

其四，管理与支持团队。建立一支专业的管理团队，负责培训项目的策划、组织、执行和后勤支持，确保培训活动的顺利进行。

（三）培训开展基础

培训开展基础是高质量培训的核心。高质量教师培训体系的开展基础包括：

其一，培训的开展需要有明确的目标和计划，以及有效的实施和评估机制。

其二，需求分析。通过深入地调研和分析，准确把握教师的专业发展需求，为培训内容的设计提供依据。

其三，培训方案设计。根据需求分析的结果，设计针对性强、实用性高的培训方案，包括培训目标、内容、方法、时间安排等。

其四，实施与监控。在培训实施过程中，进行实时监控和调整，确保培训活动按照计划进行，同时收集参训教师的反馈，以便及时改进。

其五，效果评估与反思。培训结束后，通过多种评估方法，如测试、问卷调查、教学观察等，对培训效果进行评估。同时，组织反思会议，总结经验教训，为未来的培训提供改进方向的建议。

（四）培训资源基础

丰富的培训资源是高质量培训的保障，是高质量教师培训体系的重要条件。高质量教师培训体系的培训资源基础包括：

其一，课程资源。开发和整合多样化的培训课程，包括在线课程、现场工作坊、专题讲座等，满足不同层次和领域的教师需求。

其二，专家资源。建立专家资源库，包括国内外知名教育学者、学科专家、教育实践者等，为培训提供智力支持。

其三，信息资源。利用信息技术，建立教师培训信息平台，提供教育政策、教学资源、研究成果等信息，支持教师的自主学习和专业发展。

（五）培训机构基础

培训机构是培训活动的组织者和实施者，是高质量教师培训开展的重要条件。高质量教师培训体系的培训机构基础包括：

其一，机构定位与功能。明确培训机构的定位，如教师发展中心、教育研究院等，并根据定位设计相应的功能和服务。

其二，硬件设施。提供适宜的培训场所和先进的教学设备，如多媒体教室、实验室、图书馆等，为培训活动提供物质保障。

其三，软件环境。建立信息化管理系统，实现培训活动的在线报名、课程管理、效果评估等功能，提高培训管理的效率和透明度。

其四，文化建设。培养以学习为中心的培训文化，鼓励教师积极参与，形成良好的学习氛围和团队精神。

总之，上述五个方面的翔实建设和完善可以确保教师培训体系的高质量运行，有效提升教师的专业素养和教学实践能力，为教育的持续发展提供坚实的人才支持。

第三节 高质量教师培训体系的构成与建设原则

一、高质量教师培训体系的构成

高质量教师培训体系通常会包含以下几个关键组成部分：

其一，培训需求分析。在设计培训体系之前，首先需要进行培训需求分析，了解教师在专业知识、教学技能、课程理解、技术应用等方面的需求。这可以通过问卷调查、访谈、观察和自我评估等方式进行。

其二，培训目标设定。明确培训的目标是构建培训体系的前提。培训目标应当具体、可衡量，并与教师的专业发展和学生学习成果紧密相关。

其三，培训内容开发。根据培训目标，开发相应的培训内容。内容可以包括教学方法、课程知识、评估技巧、学生心理、教育技术、班级管理等。

其四，培训方法和形式。培训体系应采用多种培训方法和形式，如面对面研讨会、在线课程、工作坊、案例研究、同伴互助、导师制等，以适应不同教师的学习风格和需求。

其五，培训实施。制定详细的培训计划和时间表，确保培训活动的顺利进行。在实施过程中，应当考虑教师的工作负担，合理安排培训时间，确保教师能够充分参与。

其六，培训评估和反馈。培训结束后，需要对培训效果进行评估。这可以通过考核、教学观摩、学生反馈、自我评估等方式进行。评估结果应用于调整和改进未来的培训计划。

其七，持续的专业发展支持。教师培训不应该是一次性的事件，而是一个持续的过程。培训体系应当提供持续的专业发展支持，如专业发展社群、学习资源库、定期的进修机会等。

其八，政策和资源支持。建立有效的教师培训体系需要政策和资源的支持，这包括确保培训时间、提供必要的资金、建立合作网络、提供技术和设施等。

二、高质量教师培训体系的建设原则

建设高质量教师培训体系应遵循以下几个建设原则：

其一，需求导向原则。高质量的教师培训体系首先应以教师的实际需求为导向。这意味着培训内容、方法和资源的配置都应紧密围绕教师在教学实践中遇到的问题与挑战。通过深入调研和分析，培训机构应了解教师在专业知识、教学技能、信息技术应用等方面的具体需求，从而设计出针对性强、实用性高的培训方案。需求导向原则要求培训体系能够灵活适应教育政策的变化、教学环境的发展以及教师个人成长的需求，确保培训活动始终与教师的实际工作紧密相连。

其二，系统性原则。高质量教师培训体系应具备系统性，这意味着培训活动不是孤立的、零散的，而是相互关联、相互支撑的。培训体系应涵盖教师职业生涯的各个阶段，从新教师入职培训到在职教师的专业发展，再到高级教师的领导力培养。同时，培训体系还应包括不同层次和领域的培训内容，如学科知识、教学方法、课程设计、学生评估等。系统性原则要求培训活动之间形成有机联系，共同促进教师的全面发展。

其三，持续性原则。教师培训不是一次性的活动，而是一个持续的过程。高质量的教师培训体系应鼓励教师终身学习，提供持续的学习机会和资源。这包括定期的进修课程、在线学习平台、研讨会、工作坊等多种形式，以适应教师不断变化的学习需求。持续性原则强调培训活动的长期性和连续性，确保教师能够不断更新知识、提升技能，以适应教育发展的新要求。

其四，实践性原则。高质量教师培训体系应强调理论与实践的结合。培训内容应紧密联系教学实际，通过案例分析、教学观摩、实践操作等方式，使教师能够在实际教学中应用新知识、新技能。实践性原则要求培训活动能够解决教师在教学过程中遇到的具体问题，提高教师解决实际问题的能力，从而提升教学质量。

其五，开放性原则。在全球化和信息化的背景下，高质量教师培训体系应具有开放性。这意味着培训体系应积极吸收国际先进的教育理念和教学方法，鼓励教师参与国际交流和合作。开放性原则要求培训体系能够提供多元化的学习资源，如国际会议、海外研修、国际合作项目等，以拓宽教师的国际视野，促进教育创新。

其六，评价与反馈原则。高质量教师培训体系应建立科学的评价机制，对培训活动的效果进行客观评估。这包括对培训内容、教学方法、教师参与度、培训成果等方面的评价。评价结果应作为改进培训体系的重要依据。同时，培训体系应建立有效的反馈机制，鼓励教师提出意见和建议，参与到培训体系的持续改进中来。

其七，资源整合原则。高质量教师培训体系需要整合各种资源，包括人力资源、物质资源、信息资源等。这要求培训体系能够与高校、研究机构、教育行政部门等建立合作关系，共享资源，形成合力。资源整合原则强调培训体系的高效运作，通过优化资源配置，提高培训活动的质量和效率。

其八，文化建设原则。培训体系的文化建设对于激发教师的学习热情和创新精神至关重要。高质量教师培训体系应培养一种以学习为中心的文化，鼓励教师主动探索、勇于实践、乐于分享。文化建设原则要求培训体系能够营造一个积极向上、开放包容的学习氛围，使教师在培训过程中感受到成长的喜悦和成就。

综上，建设高质量教师培训体系需要遵循需求导向、系统性、持续性、实践性、开放性、评价与反馈、资源整合和文化建设等原则。这些原则相互支持、相互促进，共同构成了教师培训体系的核心框架。这些原则的实施可以确保教师培训活动的有效性、高效性和创新性，为提升教师专业素养、推动教育质量的整体提升提供坚实的基础。

第四节　高质量教师培训体系的理论基础

一、成人学习理论

成人学习理论是关于成年人如何学习与获取知识、技能和态度的理论。它与儿童学习理论不同，因为成年人通常具有不同的学习需求、动机和经验。以下简要介绍两种成人学习理论。

（一）马尔科姆·诺尔斯的成人学习理论

马尔科姆·诺尔斯（Malcolm Knowles）是成人教育领域的著名学者。诺尔斯提出了“和成人学习者相关联的教学”这一概念，以区别于儿童教育中的“教育学”（pedagogy）。他认为，和成人学习者相关联的教学是一种自我导向的学习过程，其中学习者是主动的参与者，而不是被动的接受者。这种教学模式强调学习者的自主性、自我激励和自我评估的能力。他认为成人学习者具有以下特点：

其一，自我概念。成人具有成熟的自我概念，他们知道自己是谁，能够对自己的学习负责。

其二，经验。成人拥有丰富的生活经验，这些经验是他们学习的重要资源。

其三，决策自主性。成人学习者希望在学习过程中做出自己的决策，而不是被告知该做什么。

其四，学习动机。成人的学习动机通常与个人需求和目标紧密相关，他们更关注学习的实际应用。

诺尔斯认为成人学习的原则是：

其一，参与性。成人学习者应该参与到学习目标的设定和学习过程的设计中。

其二，实践性。学习应该是实践性的，与学习者的实际工作和生活经验相结合。

其三，问题中心。学习应该围绕解决实际问题展开，而不仅仅是知识的传授。

其四，内在动机。教学应该激发学习者的内在动机，如个人成长、职业发展等。

其五，自我指导。鼓励学习者自我指导，发展自主学习的能力。

诺尔斯也认识到，在实施和成人学习者相关联的教学时，教育者会面临一些挑战：

其一，资源限制。成人学习者可能面临时间、金钱和其他资源的限制。

其二，学习者的多样性。成人学习者来自不同的背景，具有不同的学习需求和动机。

其三，教育者的准备。教育者需要具备相应的知识和技能，才能有效地支持成人学习者。

诺尔斯的理论对成人教育实践产生了深远的影响。教育者和培训机构根据这些原则设计课程与教学方法，如提供灵活的学习时间、强调案例研究和小组讨论、鼓励学习者分享经验等。

（二）杰克·梅兹罗的转化学习理论

杰克·梅兹罗（Jack Mezirow）提出了转化学习理论，这是一种成人学习理论，强调学习者通过批判性反思和对话来改变他们的参照框架（即他们理解世界的方式）。所谓批判性反思，即学习者通过反思自己的经验和假设来识别与挑战现有的认知结构。所谓参照框架，即学习者的价值观、信仰和假设构成了他们的参照框架，这些框架指导他们的行为和决策。所谓转化，即通过批判性反思，学习者可以改变或重构他们的参照框架，从而导致行为和态度的转变。梅兹罗认为，与他人的对话是转化学习的关键，因为它促进了新观点的探索和对现有观点的挑战。

成人学习理论为成人教育提供了理论基础，强调了学习者的主动性、经验的重要性和学习的实际应用。这些理论对于建设高质量教师培训体系，尤其是设计有效的成人教育课程和教学方法具有重要意义。

二、持续专业发展理论

（一）持续专业发展的核心观点

持续专业发展（continuous professional development，CPD）理论是教育领域内的一个核心概念，它强调教师在整个职业生涯中不断学习、成长和提升自己的专业技能和知识。这一理论的基础是认识到教育是一个动态变化的领域，教师需要不断地更新他们的教学方法和内容，以适应新的教育政策、课程改革、学生需求和社会变革。

（二）持续专业发展的原则

持续专业发展的原则如下：

其一，终身学习。持续专业发展理论认为，学习不应该仅限于教师的初步培训阶段，而应该是一个贯穿整个职业生涯的过程。教师应当持续地寻求学习机会，以保持其教学实践的相关性和有效性。

其二，自我驱动。教师是自身专业发展的主导者。他们应当自我反思，识别自己的学习需求，制订个人发展计划，并寻找合适的学习资源和机会。

其三，实践导向。持续专业发展应当与教师的实际教学实践紧密相关。这意味着学习活动应当集中在提高教学质量、促进学生学习成果以及解决教育实践中的具体问题上。

其四，反思实践。反思是持续专业发展的关键组成部分。教师通过反思自己的教学实践，评估其效果，并根据反馈进行调整，从而不断提升自己的教学技能。

其五，合作学习。持续专业发展理论鼓励教师与同行合作，通过分享经验、共同研究和参与专业社群来学习。合作学习可以帮助教师获得新的视角和策略，增强其专业能力。

（三）持续专业发展的策略

持续专业发展的策略如下：

其一，专业发展计划。教师应当制订个人的专业发展计划，明确自己的学习目标、所需的资源和时间安排。

其二，多样化的学习机会。学校和教育机构应当提供多样化的学习机会，如研讨会、工作坊、在线课程、同行观摩和学术会议等。

其三，评估和反馈。教师应当定期评估自己的专业发展进度，并从学生、同行和专业发展提供者那里获得反馈。

其四，领导和支持。学校管理层应当支持教师的专业发展，提供必要的时间和资源，并为教师提供专业发展的机会和激励方式。

其五，持续改进。教师应当将所学应用到教学实践中，并根据实践效果进行持续改进。

持续专业发展理论对于建设高质量教师培训体系、提高教师的教学质量、提升学生学习效果以及适应教育领域的快速变化至关重要。通过持续的专业发展，教师能够持续更新自己的专业知识和技能，更好地满足学生的学习需求，提高教育的整体质量。

三、组织系统理论

组织系统理论（organizational systems theory）是一种理论框架，它探讨组织如何通过整合不同的子系统来实现有效运作和达成目标。这一理论认为，组织是由多个相互依赖的部分组成的复杂系统，每个部分都有其特定的功能和作用。组织系统理论涉及以下几个核心概念。

（一）开放系统与封闭系统

开放系统与外部环境有持续的交流和互动，能够从外部环境中获取资源并对其变化做出适应。大多数实际组织都是开放系统。封闭系统在理论上完全自给自足，不与外部环境交换物质或能量，实际中很少存在。

（二）系统整合

组织系统理论强调各个子系统之间的协调和整合。这包括目标的一致性、资源的有效分配、信息的流通等。系统整合有助于确保组织内部的各个部分协同工作，共同实现组织的目标。

（三）反馈机制

反馈是组织系统理论中的一个关键概念，它允许组织根据外部环境和内部运作的反馈信息进行调整与改进。正面反馈加速系统的变化，而负面反馈则抑制或纠正变化，帮助组织维持稳定。

（四）层次结构

组织通常具有层次结构，包括决策层、管理层和执行层等。每个层次都有其特定的职责和功能，通过明确的权力和责任划分来实现有效的组织运作。

（五）组织文化

组织文化是指组织内部共享的价值观、信仰、规范和行为模式。强大的组织文化可以促进员工的认同感和归属感，增强组织的凝聚力和一致性。

（六）系统动力学

系统动力学关注组织内部和外部因素的相互作用及其随时间的动态变化。通过系统动力学模型，我们可以预测和分析组织对特定变化的响应与适应策略。

组织系统理论认为，组织变革是组织适应外部环境和内部需求变化的过程。组织发展是指通过有计划的干预和变革活动，提升组织效能，实现组织目标。

组织系统理论为理解和管理组织提供了一个全面的视角，强调了组织内部和外部因素的相互作用以及组织对这些因素的适应能力。这一理论在组织设计、管理实践、领导力发展和组织变革等领域都有广泛应用。江门市教师发展中心以组织系统理论为指导，推进教师培训体系建设不断深入发展。

第三章

江门市高质量教师培训体系建设的调查研究

教师培训现状与需求是构建高质量教师培训体系的基础工作。本章主要采用调查研究法，对江门市教师发展状况、教师培训举措与现况、教师培训需求状况等开展调查研究，为江门市建设高质量教师培训体系奠定基础。

第一节　江门市教师发展状况

一、江门市教师队伍概况

截至2023年12月，教育情况统计如下：①

学前教育：学校数量659所，班级数量4 837个，在校学生人数143 757人，教职工人数20 186人，专任教师人数10 684人，学生与专任教师的比例为13.46：1（即平均每位专任教师负责约13.46名学生）。

小学：学校数量340所，班级数量8 776个，在校学生人数371 238人，教职工人数20 548人，专任教师人数18 699人，学生与专任教师的比例为19.85：1。

初中：学校数量149所，班级数量3 568个，在校学生人数163 521人，教职工人数14 313人，专任教师人数11 420人，学生与专任教师的比例为14.32：1。

普通高中：学校数量54所，班级数量1 797个，在校学生人数87 727人，教职工人数8 040人，专任教师人数6 886人，学生与专任教师的比例为12.74：1

特殊教育：学校数量8所，班级数量108个，在校学生人数1 213人，教职工人数334人，专任教师人数299人，学生与专任教师的比例为4.06：1。

专门学校：学校数量2所，班级数量4个，在校学生人数65人，教职工人数43人，专任教师人数30人，学生与专任教师的比例为2.17：1。

中等职业教育：学校数量16所，在校学生人数34 476人，教职工人数2 026人，专任教师人数1 795人，学生与专任教师的比例为19.21：1。

学校总数1 228所，班级总数19 090个，在校学生总数801 997人，教职工总数65 490人，专任教师总数49 813人，学生与专任教师的平均比例为16.10：1，详见表3–1。

① 江门市教育局.2023–2024年全市基础教育情况表[EB/0L].jiangmen.gov.cn，2024–1–20.

表 3-1 江门市教育情况

类别	学校数 / 所	班级数 / 个	在校生数 / 人	教职工数 / 人	专任教师数 / 人	生师比
学前教育	659	4 837	143 757	20 186	10 684	13.46 : 1
小学	340	8 776	371 238	20 548	18 699	19.85 : 1
初中	149	3 568	163 521	14 313	11 420	14.32 : 1
普通高中	54	1 797	87 727	8 040	6 886	12.74 : 1
特殊教育	8	108	1 213	334	299	4.06 : 1
专门学校	2	4	65	43	30	2.17 : 1
中等职业教育	16	—	34 476	2 026	1 795	19.21 : 1
总计	1 228	19 090	801 997	65 490	49 813	16.10 : 1

二、江门市教师专业发展情况

（一）专业基础知识调查

调查从教师的学科知识、教师对学生的认知来了解江门市教师专业基础知识的现状。

1. 教师的学科知识

教师对学科知识的把握见表 3-2。

表 3-2 教师对学科知识的把握

选项	频数	百分比 / %
对教学内容理解透彻，85% 的学生掌握得很好	7 720	55.32
按新课标要求教学，65% 的学生能够掌握	5 003	35.85
对教学内容熟悉，但 50% 的学生有时掌握困难	1 231	8.83

在问卷的自我评估中，55.32% 的教师认为自己的学科知识符合要求，对教材把握比较好。由此可见，教师对自己的学科知识水平评价比较高。

2. 教师了解学生的情况

教师了解学生的情况见表 3-3。

表 3–3 教师了解学生的情况

选项	频数	百分比 / %
能根据学生的情况确定教学目标和策略	10 489	75.17
希望掌握了解学生的有效方法	2 988	21.41
没有更多的时间和精力了解学生	477	3.42

由表 3–3 可知，75.17% 的教师表示能根据学生的情况确定教学目标和策略，21.41% 的教师希望掌握了解学生的有效方法。调查表明，约有 3/4 的教师具备关于发展心理学和学生教育的初步知识，并在教育教学过程中与实践结合，形成一定的经验；只有 3.42% 的教师认为自己没有更多的时间和精力了解学生。因此，大部分教师认为自己比较了解学生。

教师与学生沟通的情况见表 3–4。

表 3–4 教师与学生沟通的情况

选项	频数	百分比 / %
随时观察和把握学生的思想、行为变化，能够采取有效的措施管理	10 266	73.57
关注学生，诊断问题经常遇到困惑，学生管理效果受到影响	3 335	23.90
在了解学生、诊断问题方面缺乏有效的方法	353	2.53

表 3–4 表明，大部分教师能与家长和学生进行有效的沟通，但是仍有 2.53% 的教师在与学生沟通方面存在缺乏技巧、效果不太显著的问题。

（二）教学实践能力调查

教师的教学实践能力主要包括教学设计能力、教学实施能力、教学评价能力、管理能力、信息技术应用能力等。

1. 教学设计能力

教师的教学设计能力情况见表 3–5。

表 3–5 教师的教学设计能力情况

选项	频数	百分比 / %
按照学情设计教学目标，教师和学生都能达到教学目标	8 222	58.92
按照新课标设计教学目标，并关注学生是否达到教学目标	5 272	37.78
按照新课标设计教学目标，并关注自己是否按教学目标教学	460	3.30

从表 3–5 中的数据可以发现，接近 60% 的教师认为自己能够按照学情进行教学设计，并制定合适的教学目标，这表明教师的教学设计能力还有待提高。

以学生的认知过程为主体设计教学活动的情况见表 3–6。

表 3–6　以学生的认知过程为主体设计教学活动的情况

选项	频数	百分比 / %
积累了较丰富的经验，效果良好	8 437	60.46
积累了一定的经验，效果不够理想	5 066	36.31
缺乏以学生为主体设计教学活动的经验	451	3.23

从表 3–6 中的数据可知，超过 60% 的教师认为自己有足够的经验，能够根据学生的认知过程来进行教学，且收到了良好的效果。缺乏以学生为主体设计教学活动经验的教师只占 3.23%。

2. 教学实施能力

教师教学实施情况见表 3–7。

表 3–7　教师教学实施情况

选项	频数	百分比 / %
90% 的课程实现了自己设计的目标并顺利完成	7 260	52.03
70% 的课程能达到预期效果，自己很清楚没有达到目标的原因	6 053	43.38
50% 的课程达到预期效果，自己对没有达到目标的原因存在困惑	641	4.59

由表 3–7 可知，多数教师能够通过反思分析教学实施方面的问题，有超过 43% 的教师教学实施过程不能完全达到自己的教学目标。教师在教学实施、教学策略的运用上还有不足。

3. 教学评价能力

教师在教学中设计过程性评价的情况见表 3–8。

表 3–8　教师在教学中设计过程性评价的情况

选项	频数	百分比 / %
设计了过程性评价，学生参与评价，效果理想	7 046	50.49
设计了过程性评价，但是学生参与的效果一般	6 155	44.11
很少关注过程性评价，对于如何开展过程性评价存在一些困惑	753	5.40

由表 3–8 可知，教师设计的过程性评价，学生参与评价且效果比较理想的仅占 50.49%，也就是说，近一半的教师在教学中设计过程性评价的能力不足或环境支撑不理想，导致学生参与的效果一般。

4. 管理能力

管理能力表现为班主任的工作能力和关注学校管理两方面，见表 3–9 和表 3–10。

表 3–9　班主任的工作能力情况

选项	频数	百分比 / %
经验丰富，家长和学生都满意	5 530	39.63
有一定的经验，但还存在一些困惑	7 292	52.26
缺乏经验，工作有一定困难	1 132	8.11

由表 3–9 可知，接近 40% 的教师对自己管理学生的能力比较满意，多数教师在学生教育与管理方面存在困惑（教师的管理能力包括对学生的教育影响、班级管理和学校管理等方面）。也就是说，约 92% 的教师积累了一定的学生和班级管理经验，但是还有提升的空间。

表 3–10　关注学校管理情况

选项	频数	百分比 / %
经常关注，有渠道反映自己的意见和建议	8 391	60.13
关注，没有参与的渠道	3 684	26.40
关注不多，处于“被管理，被评价”的状态	1 879	13.47

由表 3–10 可知，在学校管理方面，超过 60% 的教师经常关注且有合适的渠道参与，但是也有近 40% 的教师认为参与的渠道不够多，参与学校管理较少。

5. 信息技术应用能力

教师的信息技术应用能力情况见表 3–11。

表 3–11　教师的信息技术应用能力情况

选项	频数	百分比 / %
掌握并能熟练应用于教学工作中	9 783	70.11
掌握但在教学和研究中很少应用	3 853	27.61
没有掌握，获取信息比较困难	318	2.28

由表 3–11 可知，约 70% 的教师认为自己能够在教学中恰当运用信息技术，对自己的信息技术运用能力比较自信。95% 以上的教师认为自己基本具备获取网络信息、获取教学资源和交流的能力，能基本运用信息技术手段辅助教学。

（三）研究意识与能力

研究意识与能力主要表现为参与教育教学课题研究和教育教学反思两方面，见表 3–12 和表 3–13。

表 3–12　教师参与教育教学课题研究的情况

选项	频数	百分比 / %
主持过教育教学课题研究	2 650	18.99
参与过教育教学课题研究	8 049	57.68
没有主持和参与过教育教学课题研究	3 255	23.33

由表 3–12 可知，76% 左右的教师参与过教育教学课题研究，具备一定的教育科研能力，但仅有 18.99% 的教师主持过教育教学课题研究。

表 3–13　教育教学反思情况

选项	频数	百分比 / %
掌握了反思的方法并形成习惯，对工作有明显的促进作用	6 968	49.94
有时能够反思教育教学工作，有些经验是通过反思得到的	6 629	47.51
按照要求反思教育教学工作，但对工作没有明显的促进作用	357	2.55

由表 3–13 可知，98% 左右的教师认为反思在教学中有作用，并能通过反思的方法来提升教学水平。

由此可知，多数教师积极参与教育教学课题研究活动，认为科研能力还需要提高；多数教师认识到反思对教师发展的作用，能够通过反思得到提高。

（四）专业职责与能力

根据《幼儿园园长专业标准》和《中小学校长专业标准》，了解幼儿园园长和中小学校长的专业职责与能力。

1. 幼儿园园长的职责与能力

问题：对于图 3–1 中与《幼儿园园长专业标准》专业职责相关的选项，您拥有的情况如何？统计结果如图 3–1 所示。

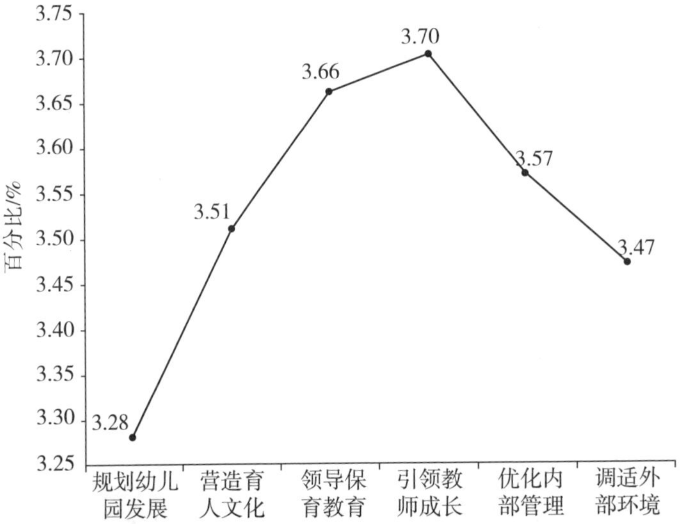

图 3-1　幼儿园园长专业职责自我评估

从规划幼儿园发展、营造育人文化、领导保育教育、引领教师成长、优化内部管理和调适外部环境六个方面来评估幼儿园园长的职业责任与能力时，大部分园长认为自己符合要求，但是一部分园长在规划幼儿园发展方面存在一定的困难。

2. 中小学校长的职责与能力

问题：对于图 3-2 中与《中小学校长专业标准》相关的选项，您拥有的情况如何？调查结果如图 3-2 所示。

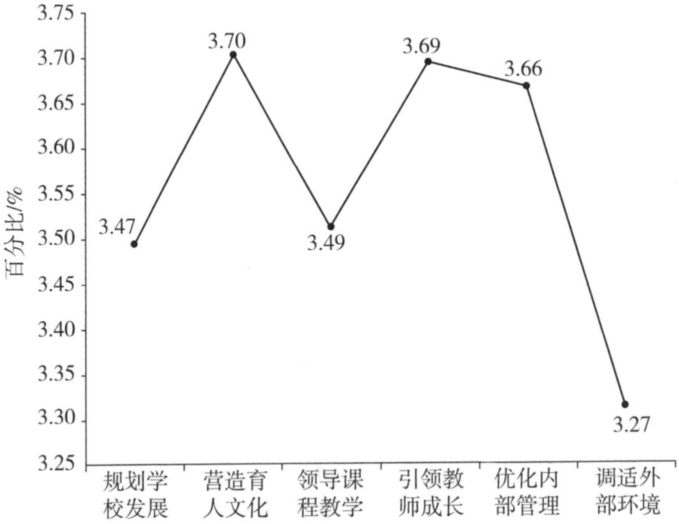

图 3-2　校长专业职责自我评估

与《中小学校长专业标准》进行对比后，大部分校长认为自己能胜任校长这一岗位，但是一些校长在规划学校发展与调适外部环境方面仍需加强。

（五）实际工作感受

1. 幼儿园教师的工作感受

问题：请将下列描述与您工作中的真实感受进行比较，并选择一个最符合您真实情况的选项。调查结果如图 3–3 所示。

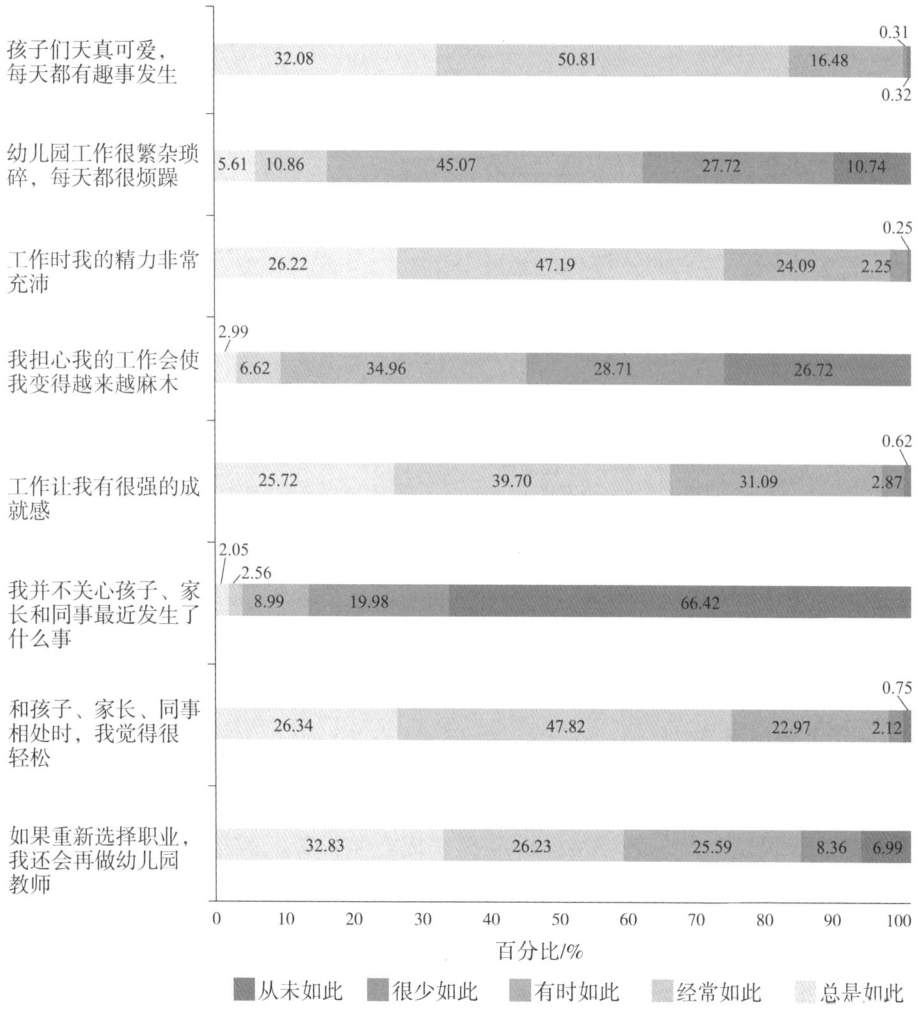

图 3–3　幼儿园教师工作感受

由图 3–3 可知，幼儿园教师们对自己的工作满意度比较高，但是“如果重新选择职业，我还会再做幼儿教师”这一选项显示有约 15% 的教师不想再做幼儿园教师，这值得我们关注。

2. 幼儿园园长 / 中小学校长及班主任的工作感受

对幼儿园园长 / 中小学校长及班主任的工作感受进行调查，结果如图 3–4 所示。

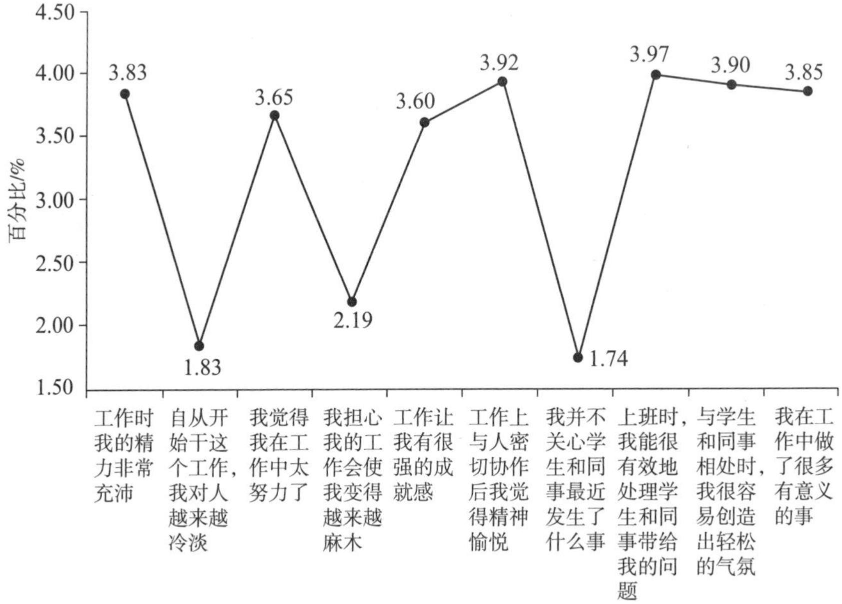

图 3–4　幼儿园园长 / 中小学校长及班主任的工作感受

从图 3–4 可以看出，幼儿园园长 / 中小学校长及班主任的工作感受都比较好，工作积极性不错。

（六）整体表现

1. 课堂实况观察与诊断

实地调研显示，多数教师能够顺利完成教学任务，教学质量有基本保证。有些教师不能以学生为主体设计教学，教学设计、实施和调控能力需要提高，而影响教学设计、实施和调控的主要因素是教学技能欠缺。

具体表现为：约 88% 的教师能够准确把握教学内容，讲清知识点，使教学质量得到基本保证。绝大多数学生处于良好的学习氛围中，学生注意力集中，具有一定的学习兴趣和学习积极性，师生关系融洽，见表 3–14。

表 3–14 课堂整体状况观察得分表

项目	准确把握教学内容	合理设计与实施教学过程	有效进行教学组织和调控	营造良好的课堂氛围
得分	88.3	81.8	79.8	95.7
总分	86.4			

调查产生问题的原因才可能进行有针对性和实效性的培训。进一步探查影响教学设计、实施和调控的因素，诊断问题出处，得到的数据见表 3–15。

表 3–15 教师教学技能课堂观察得分表

项目	有效激发学生学习兴趣和学习动机	教学语言精练、生动	熟练运用板书和多媒体	恰当提问及有效追问	观察与关注个别学生
得分	86.4	86	82	78.7	76.3
总分	81.2				

由表 3–15 可知，多数教师在课堂开始时注意了激发学生的兴趣，但是缺乏使学生保持学习兴趣和学习动机的技能。

多数教师的语言清楚、简明，但少数教师的语言表达缺乏逻辑性，或语速不当，没有给学生留出思考时间，使课堂出现中期学习兴趣衰减的情况。

多数教师运用多媒体提高了教学效率，但是没有与板书配合，重点内容不能完整地留在学生的学习中，致使学习基础较差的学生中途掉队。

课堂 70% 的时间处于提问与追问状态，但多数教师缺乏提问和追问技能，只能按照预设的问题推进，不关注学生在学习过程中出现的问题，严重影响了课堂教学的质量。

多数教师按照预设的进度教学，只关注能够跟上的学生，合作学习流于形式，对学习基础比较差的学生采取放弃的态度。

2. 教师说课及深度访谈

教师说课及深度访谈主要检测教师对自己课堂行为的思考。一方面可以诊断教师对教材的把握情况、对教法的选择和运用水平等；另一方面诊断教师对学生的了解，分析对学生学习效果的评价。通过说课及深度访谈，培训机构可以了解教师的学科知识水平、思维水平、自我认识、反思与研究能力等。

说课及深度访谈得分表见表 3–16。

表 3–16　说课及深度访谈得分表

项目	教学内容在教材中的位置	学生分析	教学过程与策略及实施效果	对学生表现及课堂效果的评价
得分	82.5	84.9	81.6	82.6
总分	82.9			

由表 3–16 可见，教师说课及深度访谈整体上处于中等水平，多数教师具有观察和评价学生学习结果的能力，基本能够评价教学目标达成程度和学生学习效果，但总体缺乏深度，具体表现为：

（1）能够分析出教材所涉及的基本事实和教学内容，但能够完整画出单元知识框架的教师极少。教师对教学内容的理解是碎片化的，甚至不能清楚、完整地概括。

（2）教师对教学内容的理解肤浅，学生学习必然会感到困难，甚至厌学。教师不能有结构地描述教材内容，更不能领会其蕴含的核心概念和思想方法。教师不能深入挖掘教学内容的教育价值，无法实现课标培养学生核心素养的要求，需要大幅度提高自身水平。

（3）教师对学生情况比较了解，但是不能以提升学生的认识水平为目标设计和实施教学，基本停留在讲题、讲知识点上。

（4）多数教师不能说明自己选择的教学策略及选择理由，教学主要是仿照优秀课例或按照原有的经验进行，缺乏理性思考。

3. 教师发展水平推断

综合教师的课堂表现和说课、访谈，用一些关键指标来描述教师专业发展状态。具体数据见表 3–17 和表 3–18。

表 3–17　教师整体专业发展水平估计

项目	情绪态度	效能感	逻辑思维能力	自我认识	发展潜力
得分	95.1	84.1	79.5	82.0	84.7
总分	85.1				

从表 3–17 可见，被调查教师普遍工作态度积极、认真、负责；对自己工作的效能感具有比较大的差异，平均水平尚可，展现了教师队伍整体发展的潜力。

教师的逻辑思维水平（涉及教育理念、学科知识水平，教育机制、研究水平）偏低，自我认识和反思能力不足，有些教师虽然参加过课题研究，但缺乏对教育的思考与研究，而这正是影响教师专业发展的主要因素。

表 3–18 教师专业发展水平推测（按照所得数据划分）

<table>
<tr><th>教师专业发展水平分期</th><th>分值</th><th colspan="2">所占比例</th><th>备注</th></tr>
<tr><td>适应期教师</td><td>74 及以下</td><td>19%</td><td rowspan="2">48%</td><td rowspan="2">—</td></tr>
<tr><td>适应期向发展前期过渡教师</td><td>84~75</td><td>29%</td></tr>
<tr><td>发展前期教师</td><td>89~85</td><td>29%</td><td rowspan="2">47%</td><td rowspan="2">熟练教师</td></tr>
<tr><td>发展前期向发展后期过渡教师</td><td>94~90</td><td>18%</td></tr>
<tr><td>发展后期教师</td><td>95 分及以上</td><td>5%</td><td>5%</td><td>成熟教师</td></tr>
</table>

由表 3–18 可见，骨干教师力量不足。新教师和适应期前后教师对地区教育质量影响明显，需要大力提高这个群体的发展水平。

（七）教师专业发展的差异性

被调查教师大致可以分为成熟教师（发展后期）、有经验教师（备课组长或校级骨干教师）、一般教师（教龄 3 年以上）、新教师（教龄 1~3 年）。调查情况见表 3–19。

表 3–19 不同发展水平教师的状态比较（根据各项得分归纳）

<table>
<tr><th>模块</th><th>细则</th><th>成熟教师（发展后期）5%</th><th>有经验教师（备课组长或校级骨干教师）18%</th><th>一般教师（教龄 3 年以上）67%</th><th>新教师（教龄 1~3 年）10%</th></tr>
<tr><td rowspan="4">态度与理念</td><td>工作态度</td><td>积极、认真</td><td>积极、认真</td><td>认真</td><td>积极、认真</td></tr>
<tr><td>教育理念</td><td>建立在既往经验上</td><td>建立在既往经验上</td><td>困惑较多</td><td>缺乏</td></tr>
<tr><td>工作效能感</td><td>较强</td><td>一般</td><td>较弱</td><td>较弱</td></tr>
<tr><td>归属感</td><td>较强</td><td>较强</td><td>一般或较弱</td><td>一般</td></tr>
</table>

续表

模块	细则	成熟教师（发展后期）5%	有经验教师（备课组长或校级骨干教师）18%	一般教师（教龄3年以上）67%	新教师（教龄1~3年）10%
关于教育教学的知识与实践	教材和教学内容把握	具有一定结构	知识点清晰，碎片化、缺乏结构	照本宣科，碎片化	不能把握
	学情分析及运用	较好	一般	一般或较差	缺乏
关于教育教学的知识与实践	教学过程	合理、逻辑性强	合理、具有一定的逻辑	部分合理，缺乏应有逻辑	缺乏应有逻辑
	教学实施及调控	到位	基本到位	不能全部按照预期完成	不能全部按照预期完成
	教学技能	系统把握	部分把握	零散掌握	缺乏
	课堂实施与评价	准确评价	能够评价	缺乏	缺乏
	学生教育与管理	可控、封闭	可控、封闭	可控、封闭	困惑较多
	信息技术应用	较好	较好	一般或较好	较好
素质条件	研究能力	一般	较弱	缺乏	无意识
	自我认识与反思	较好	一般	较差	一般
	发展愿望	强烈	较强烈	一般	较强烈
	思维与表达能力	较强	一般	很弱	一般
发展中的瓶颈	—	更新观念、引领教育教学课题研究	观念与知识结构调整	提升教育教学课题研究能力	教材分析，教法学习

第二节　江门市教师培训举措与现状

一、江门市教师培训的主要举措

江门市的教师专业发展水平呈现出稳步提升的趋势。江门市教育局通过实施一系列教师培训举措，强化教师的专业知识和教学技能，使教师队伍的整体素质得到显著提高。教师们在教学实践中不断探索和创新，积极参与各类教学研究和改革活动，造就了一批具有较高教学水平和研究能力的骨干教师。此外，江门市的教师在省级乃至国家级的教学竞赛中屡获佳绩，不仅展示了教师个人的专业能力，也反映了江门市教师培训工作的成效。江门市教师培训的主要举措如下：

其一，教师培训体系的构建。江门市教育局建立了一套完整的教师培训体系，涵盖了新教师培训、新锐教师培训、骨干教师培养、教学名师及教育家型名教师培养。这一体系旨在为教师提供持续的专业发展路径，确保教师能够适应教育改革的新要求。

其二，教师专业发展平台的搭建。江门市教育局成立了“教师发展协同与研究中心”暨“研究生联合培养基地”，为教师提供了一个集教学研究、学术交流、专业发展于一体的平台。平台不仅促进了教师之间的互动与合作，也为教师提供了与高等教育机构合作的机会，进一步提升了教师的学术水平和研究能力。

其三，教师培训内容的多样化。江门市教育局注重培训内容的实用性和前瞻性，培训内容涵盖了课程改革、教学方法、信息技术应用、学生心理健康教育等多个领域。通过这些培训内容，教师能够掌握最新的教育理念和教学技术，有助于提高教学效果。

其四，教师培训方式的创新。除了传统的面授培训外，江门市教育局还积极探索线上培训、远程研修、工作坊、研讨会等多样化的培训方式。这些灵活多样的培训方式，使得教师能够根据自己的时间和需求选择合适的学习方式，提高了培训的参与度和效果。

其五，教师培训效果的评估与反馈。江门市教育局建立了一套科学的评价体系，对教师培训的效果进行定期评估。通过问卷调查、教学观摩、成果展示等方式，收集教师的反馈，不断优化培训内容和方法。

其六，教师激励机制的建立。为了激发教师参与培训的积极性，江门市教育局建立了一系列激励机制，包括优先考虑参训教师的职称评定、将培训成果作为教师评价的重要依据等。这些措施有效地提高了教师的专业成长动力。

其七，教师社区服务与实践。江门市教育局鼓励教师参与社区服务，如深入社区开展文明实践志愿服务活动，这不仅增强了教师的社会责任感，也有助于教师将理论知识与实践相结合，提升教育教学能力。

通过上述举措，江门市教育局在教师专业发展方面取得了显著成效。教师们的专业素养和教学能力得到了全面提升，为江门市教育事业的发展奠定了坚实的基础。其中，教师培训体系的构建成为江门市教师培训举措中的“牛鼻子”，发挥了牵一发而动全身的关键作用。

二、江门市教师培训现状

（一）参训主题分布情况

近年来中小学教师参训内容及百分比如图 3-5 所示。

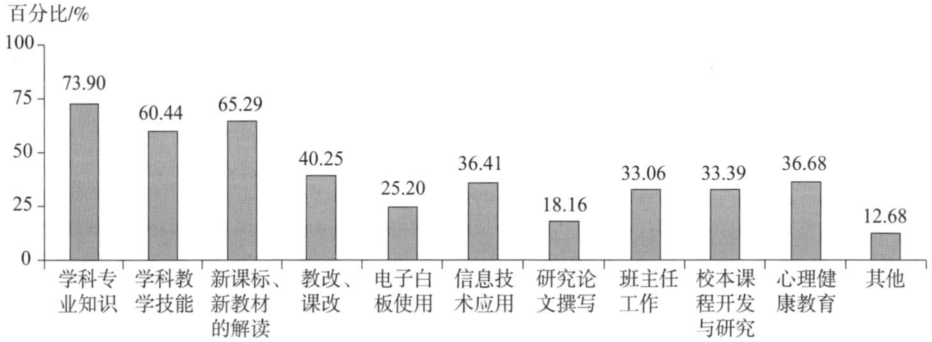

图 3-5　近年来中小学教师参训内容及百分比

由图 3–5 可知，江门市教师培训主题多样，学科培训和适应新课程、新教材培训的比例较高，说明培训能够主动为基础教育发展服务，教师参训比例也达到基本要求。但在访谈中也发现，存在教师参加培训机会不等的问题。

（二）参训类型情况

近年来中小学教师参训级别及百分比如图 3–6 所示。

由图 3–6 可见，江门市校本培训活动开展比较广泛，在教师发展中发挥了很重要的作用，地区组织的培训在开阔教师视野、学习外地经验方面很有成效。但是，在深度了解中也发现培训整体设计水平还有提高的空间；外出学习目标和主题还需要集中，并在提高教师能力方面落实。

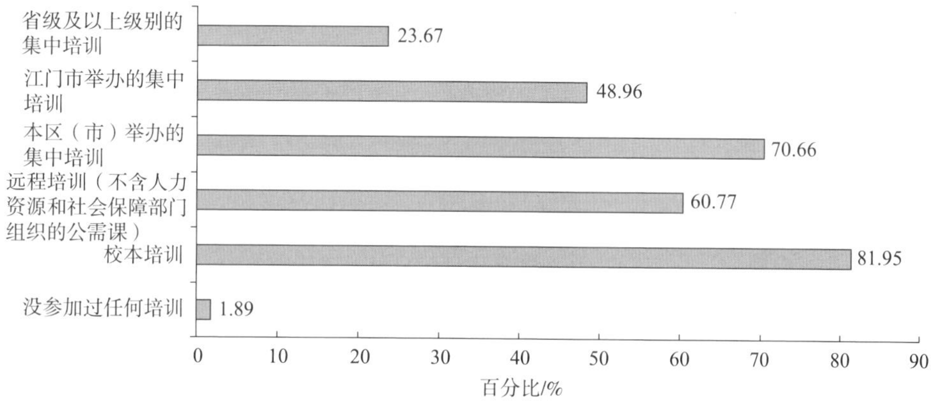

图 3–6　近年来中小学教师参训级别及百分比

（三）教师对已有培训的认识

整体上，校长、教师对培训的组织和作用还是非常认同的。调查组也发现与全国一般地区相比，江门市对教师、校长培训高度重视，加大投入，有序组织，取得了明显的效果。

（四）培训有待提高情况

其一，进一步增强培训的针对性。目前国家比较重视师资培训，每年都有一定数量的国培、省培项目，江门市也会组织一些培训，但这些培训项目之间没有互相协调，培训内容也有重叠，且各级项目层层往下安排，没能考虑各学校师资培训的需求，以致培训项目数量不少，培训内容有所重复，针对性不强。

其二，传统网络培训效果不佳。大部分教师认为以往传统网络培训效果欠佳，存在大量教师“挂机凑学时”现象，网络培训中的内容泛而杂，缺乏针对性，部分培训网站对硬件要求高，导致许多中小学教师无法正常观看。而互联网时代，专业培训机构已经突破了这一难题，提供菜单式自选课程，并将在线学习与在线考试相结合，这也将是未来网络培训的趋势所在。

其三，校本培训缺乏引领和指导。校本培训工作缺乏创新和特色，内容简单、形式单一，因此需要把学校自身改革的发展需要同教师教学实践结合起来，改变中小学教师安于现状、满足于已有的知识层面、参与培训的积极性不高等情况。

第三节 江门市教师培训需求状况

教师培训需求是通过分析教师在知识、技能和态度等教育教学方面的目前状况与所期望达到的水平之间的差距，揭示教师在知识、技能和态度等素质方面存在的问题，并针对问题而确定的学习需求。下面通过总体培训需求分析、差异化培训需求分析、隐性培训需求分析三部分来揭示江门市教师培训的需求。

一、总体培训需求分析

（一）中小学教师培训内容需求

1. 在专业知识方面的需求

问题 1 :（小学教师）在专业知识方面，您想了解什么？（多选题）

小学教师专业知识学习需求调查结果如图 3–7 所示。

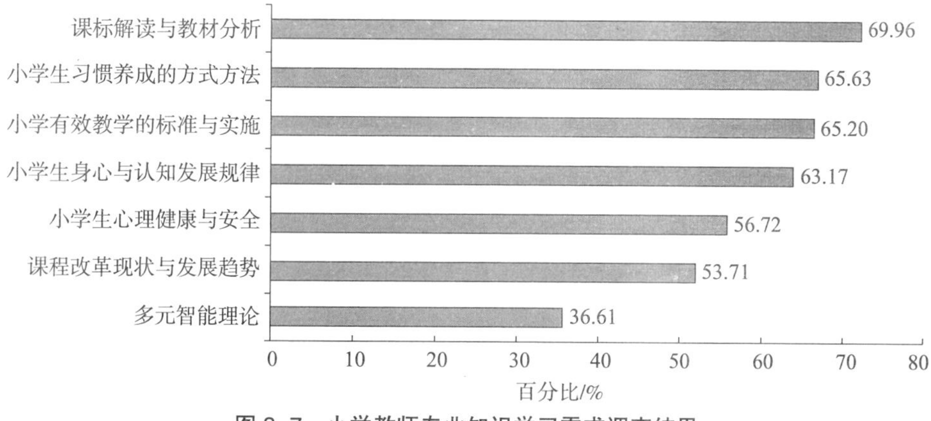

图 3–7 小学教师专业知识学习需求调查结果

除多元智能理论培训为 36.61% 之外，小学教师对其他选项内容的需求都超过 50%，特别是对课标解读与教材分析、小学生身心与认知发展规律、小学生习惯养成的方式方法、小学有效教学的标准与实施等方面有比较大的需求。

问题 2：（中学教师）在专业知识方面，您想了解什么？（多选题）

中学教师专业知识学习需求调查结果如图 3–8 所示。

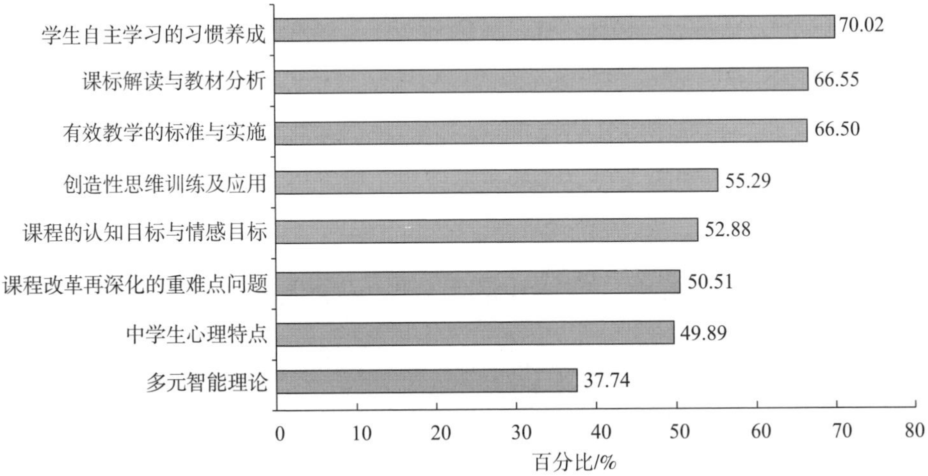

图 3–8　中学教师专业知识学习需求调查结果

除多元智能理论和中学生心理特点之外，中学教师对其他选项内容的需求都超过 50%，特别是在学生自主学习的习惯养成、课标解读与教材分析、有效教学的标准与实施三个方面需求都超过 65%。

2. 在专业能力方向上的需求

问题 1：（小学教师）在专业能力方面，您想提升什么？（多选题）

小学教师专业能力提升需求调查结果如图 3–9 所示。

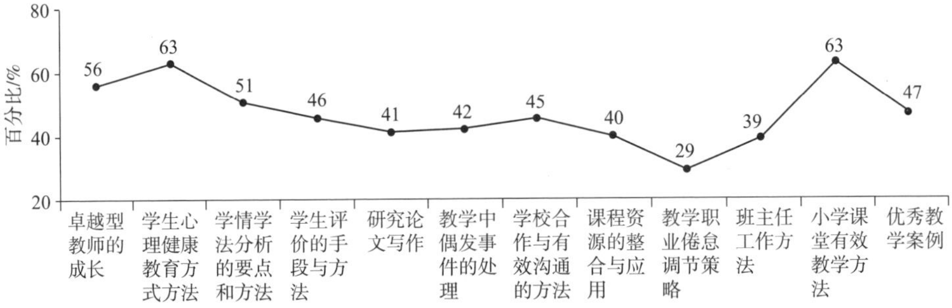

图 3–9　小学教师专业能力提升需求调查结果

小学教师在专业能力培训上的需求主要有小学课堂有效教学方法、学生心理健康教育方式方法、卓越型教师的成长等，需求比例都超过 50%。

问题 2：（中学教师）在专业能力方面，您想提升什么？（多选题）

中学教师专业能力提升需求调查结果如图 3-10 所示。

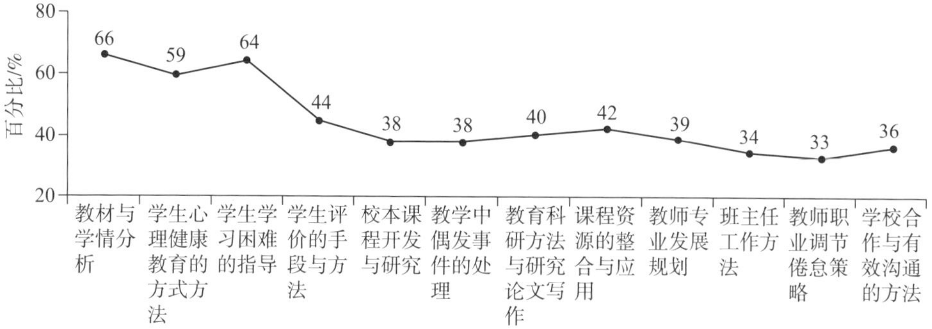

图 3-10　中学教师专业能力提升需求调查结果

中学教师在专业能力培训上的需求主要集中在教材与学情分析、学生学习困难的指导、学生心理健康教育的方式方法等方面，需求比例都超过 50%。

3. 在信息技术提升方面的需求

在信息技术提升方面，超过 50% 的中小学教师的需求都集中在网络教学资源的获取与利用、新媒体教学应用、多媒体课件制作与使用、多媒体环境下的学科教学设计等方面，对后两者的需求比例甚至超过 70%，如图 3-11 所示。

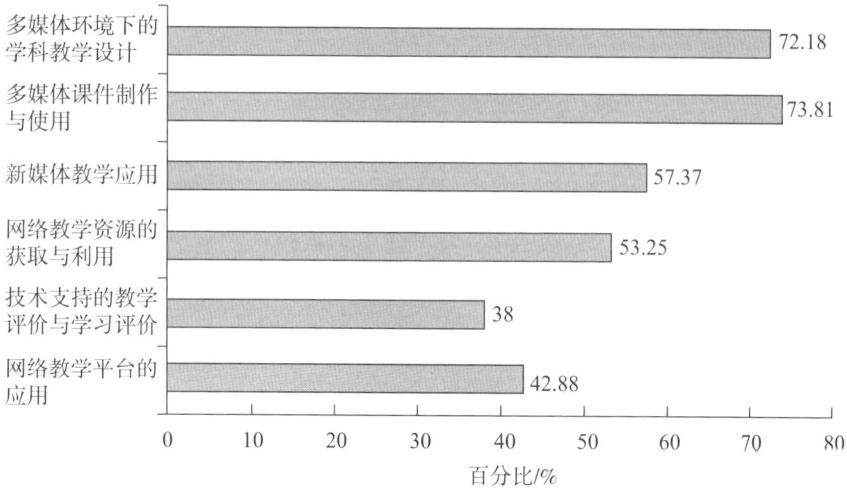

图 3-11　教师信息技术应用能力提升需求

（二）幼儿园园长、教师培训内容需求

幼儿园园长比较需要的培训内容有园长领导艺术、幼儿园物质文化建设、教学科研活动管理、幼儿园精神文化建设、行政管理与危机管理等，有超过40% 的园长选择了“非常需要”，如图 3–12 所示。

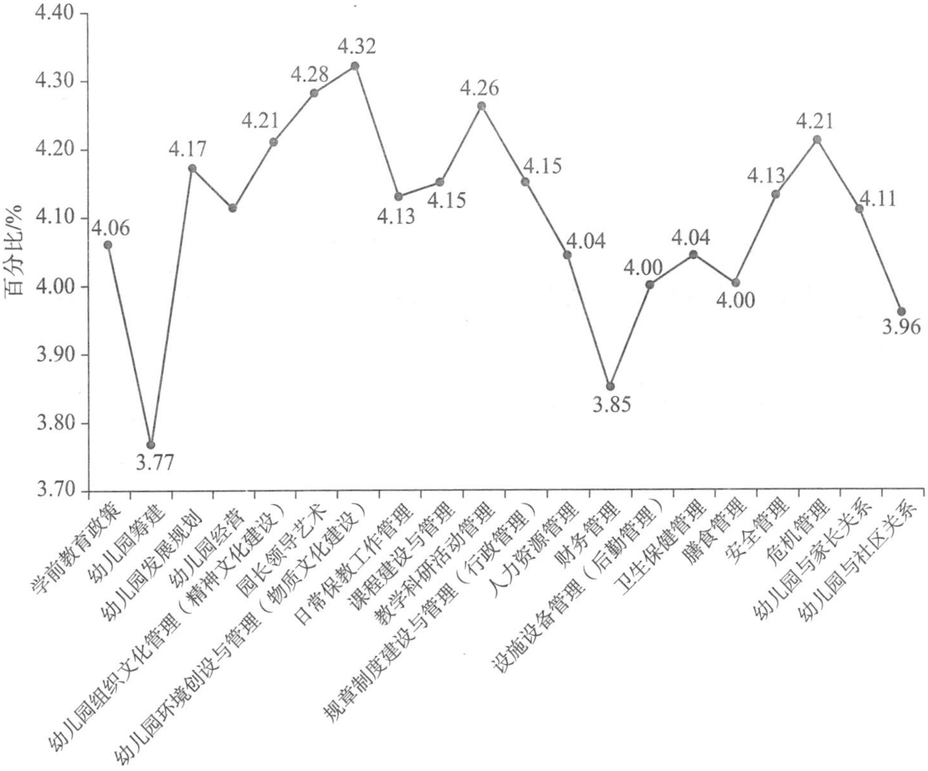

图 3–12　幼儿园园长专业能力提升需求

在幼儿园教师专业能力培训方面，教师们的需求比较均衡，最需要的培训内容有与家长的沟通技巧、五大领域教育活动的设计与实施、区域游戏活动的支持与引导等，接近 40% 的教师都选择“非常需要”这一选项，如图 3–13 所示。

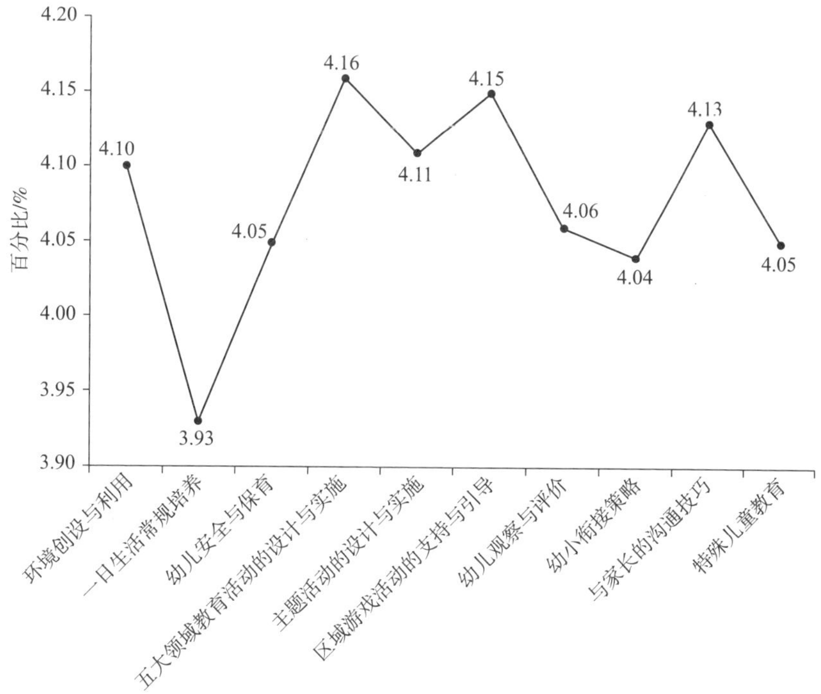

图 3-13 幼儿园教师专业能力提升需求

幼儿园教师专业发展方面的培训需求都比较均衡，教师最需要的内容有教育科研能力的提升和基于核心素养的教育力，都有超过 35% 的教师选择了“非常需要”，如图 3-14 所示。

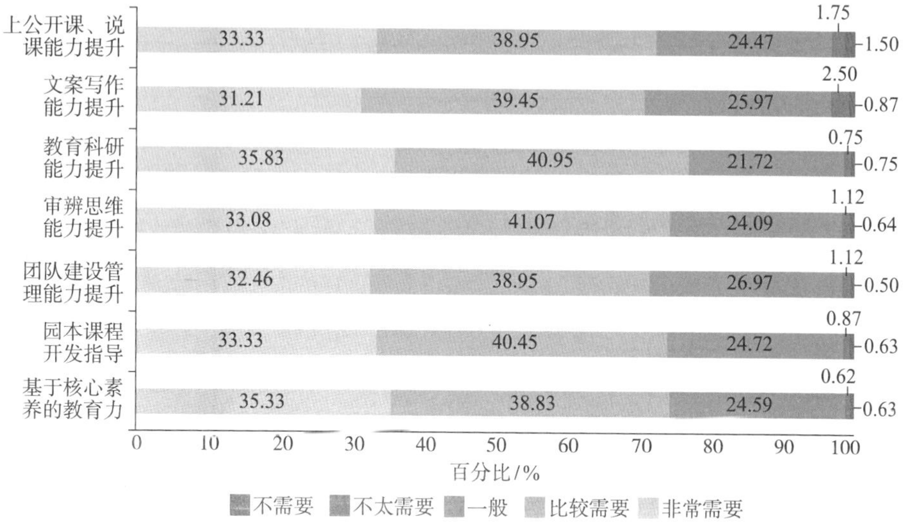

图 3-14 幼儿园教师专业发展培训内容需求

（三）中小学校长专业培训内容需求

中小学校长比较想得到的培训内容有校园安全管理、教师激励机制建设、教师队伍建设、学校文化建设、教学质量评价、德育体系建设等，都有超过45% 的教师选择了“非常需要”，前三项的需求甚至超过 50%，见表 3–20。

表 3–20 中小学校长专业能力培训内容需求

选项	不需要	不太需要	一般	比较需要	非常需要	平均分
专业标准解读	2(0.61%)	9(2.73%)	67(20.3%)	159(48.18%)	93(28.18%)	4.01
教育形势分析	1(0.3%)	7(2.12%)	53(16.06%)	144(43.64%)	125(37.88%)	4.17
跨界知识（企业管理经验）	7(2.12%)	30(9.09%)	107(32.42%)	123(37.27%)	63(19.09%)	3.62
信息化领导力	1(0.3%)	7(2.12%)	51(15.45%)	155(46.97%)	116(35.15%)	4.15
智慧校园建设	2(0.61%)	5(1.52%)	51(15.45%)	160(48.48%)	112(33.94%)	4.14
信息技术在教育领域的应用	1(0.3%)	5(1.52%)	41(12.42%)	155(46.97%)	128(38.79%)	4.22
学校发展规划	2(0.61%)	4(1.21%)	38(11.52%)	140(42.42%)	146(44.24%)	4.28
名校长谈办学经验	4(1.21%)	6(1.82%)	52(15.76%)	130(39.39%)	138(41.82%)	4.19
办学思路和理念	2(0.61%)	3(0.91%)	45(13.64%)	132(40%)	148(44.85%)	4.28
节日纪念日活动	4(1.21%)	9(2.73%)	100(30.3%)	137(41.52%)	80(24.24%)	3.85
校园环境建设	3(0.91%)	3(0.91%)	35(10.61%)	151(45.76%)	138(41.82%)	4.27
学校文化建设	3(0.91%)	2(0.61%)	26(7.88%)	138(41.82%)	161(48.79%)	4.37
德育体系建设	4(1.21%)	4(1.21%)	34(10.3%)	139(42.12%)	149(45.15%)	4.29
网络文化建设	1(0.3%)	6(1.82%)	58(17.58%)	149(45.15%)	149(45.15%)	4.13
课程领导力	3(0.91%)	5(1.52%)	44(13.33%)	144(43.64%)	134(40.61%)	4.22
校本课程建设	3(0.91%)	10(3.03%)	51(15.45%)	144(43.64%)	122(36.97%)	4.13
督导评估能力	4(1.21%)	10(3.03%)	63(19.09%)	163(49.39%)	90(27.27%)	3.98
教学质量评价	5(1.52%)	2(0.61%)	42(12.73%)	126(38.18%)	155(46.97%)	4.28
教师队伍建设	2(0.61%)	3(0.91%)	27(8.18%)	125(37.88%)	173(52.42%)	4.41
校本教研建设	2(0.61%)	6(1.82%)	39(11.82%)	147(44.55%)	136(41.21%)	4.24

续表

选项	不需要	不太需要	一般	比较需要	非常需要	平均分
教师专业发展机制建设	2(0.61%)	4(1.21%)	40(12.12%)	149(45.15%)	135(40.91%)	4.25
教师激励机制建设	1(0.3%)	5(1.52%)	33(10%)	125(37.88%)	166(50.3%)	4.36
德育管理	3(0.91%)	4(1.21%)	40(12.12%)	133(40.3%)	150(45.45%)	4.28
学生管理	2(0.61%)	4(1.21%)	38(11.52%)	133(40.3%)	153(46.36%)	4.31
中层干部管理	2(0.61%)	3(0.91%)	48(14.55%)	137(41.52%)	140(42.42%)	4.24
人财物管理	2(0.61%)	7(2.12%)	69(20.91%)	130(39.39%)	122(36.97%)	4.1
寄宿管理	80(24.24%)	51(15.45%)	61(18.48%)	75(22.73%)	63(19.09%)	2.97
校园安全管理	3(0.91%)	5(1.52%)	39(11.82%)	108(32.73%)	175(53.03%)	4.35
家长委员会的统筹管理	2(0.61%)	8(2.42%)	69(20.91%)	148(44.85%)	103(31.21%)	4.04
校内外合作交流	2(0.61%)	9(2.73%)	61(18.48%)	147(44.55%)	111(33.64%)	4.08
家校合作机制建设	1(0.3%)	7(2.12%)	41(12.42%)	165(50%)	116(35.15%)	4.18
校企合作机制建设	22(6.67%)	32(9.7%)	102(30.91%)	106(32.12%)	68(20.61%)	3.5

（四）希望的培训方式

教师们最喜欢的培训方式是讲座与观摩实践结合。其次是课堂观察与案例制作、专题讲座与研讨结合，如图 3-15 所示。

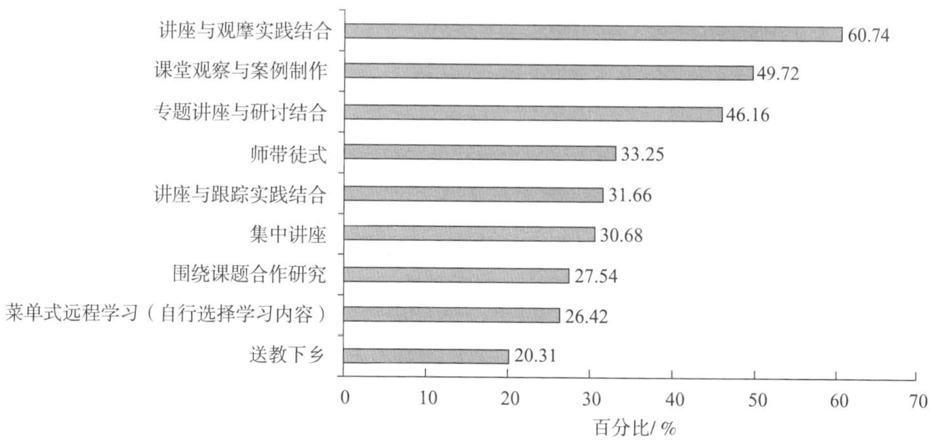

图 3-15 教师希望的培训方式

关于网络研修，教师们最喜欢的是资源分享的方式，其次是线上看课和视频案例研讨，有 30% 左右的教师选择了这几项，如图 3–16 所示。

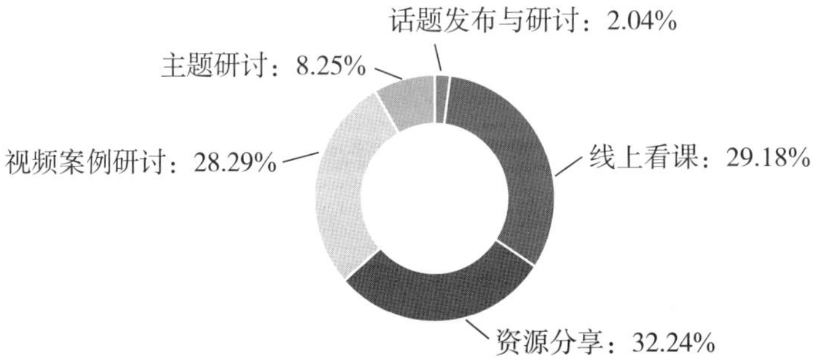

图 3–16　教师最喜欢的网络研修形式

（五）培训考核方式

接近 26.40% 的教师最认可多种形式结合的培训考核方式，也有超过 45% 的教师认可教育案例和培训总结的方式，如图 3–17 所示。

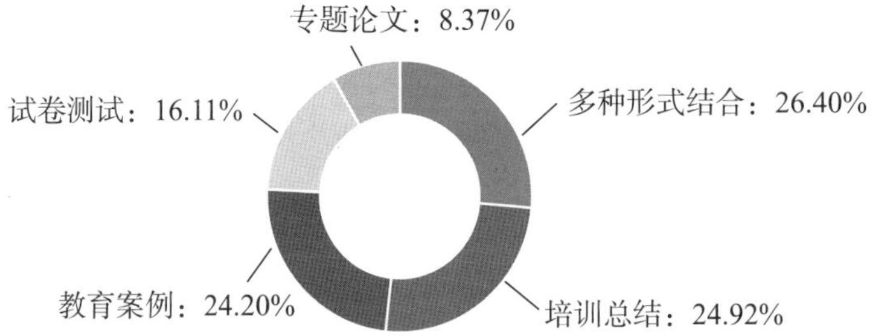

图 3–17　培训考核方式

（六）培训时间

关于培训时间，超过 50% 的教师更希望利用工作时间进行培训，也有 30% 左右的教师认为应该工作时间与休息时间混合使用，如图 3–18 所示。

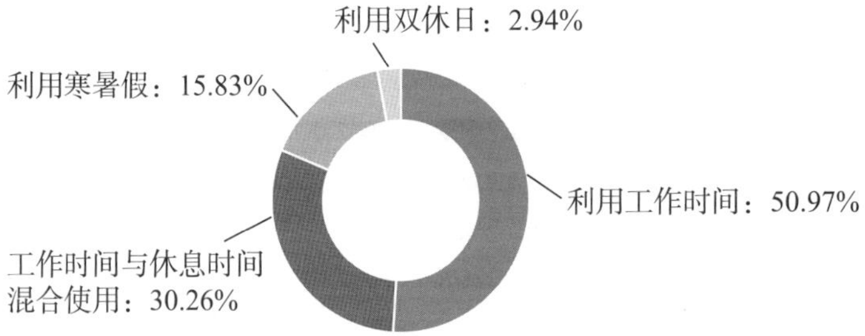

图 3–18　培训时间

（七）希望的专业指导者

在专业指导者方面，幼儿园教师最喜欢的是专职培训者；中小学教师最喜欢的是同学段、同学科教师；班主任最喜欢的是优秀班主任；幼儿园园长 / 中小学校长最喜欢的是优秀园长 / 校长。可见，教师最喜欢的专业指导者为优秀同伴或同行，而对大学教授的指导需求相对较小。

由图 3–19 可知，约 60% 的幼儿园教师倾向于选择专职培训者作为专业指导者，其次是教研员，占比 23.68%，最后是大学教授，仅占 17.11%。

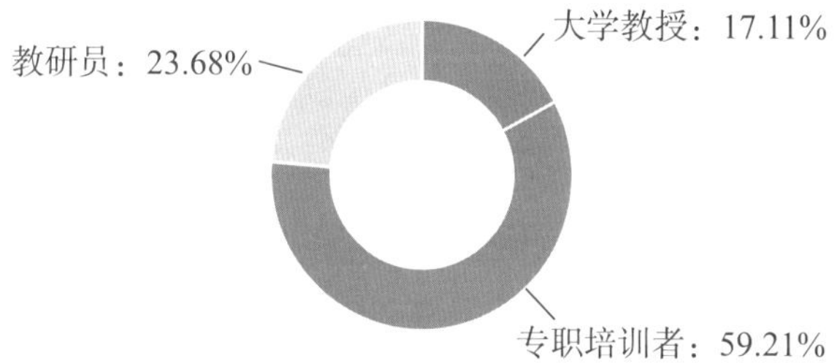

图 3–19 幼儿园教师最喜欢的专业指导者

由图 3–20 可知，中小学教师倾向于选择同学段、同学科教师或优秀教师作为专业指导者的约达 60%，约 22% 选择专职培训者作为专业指导者。

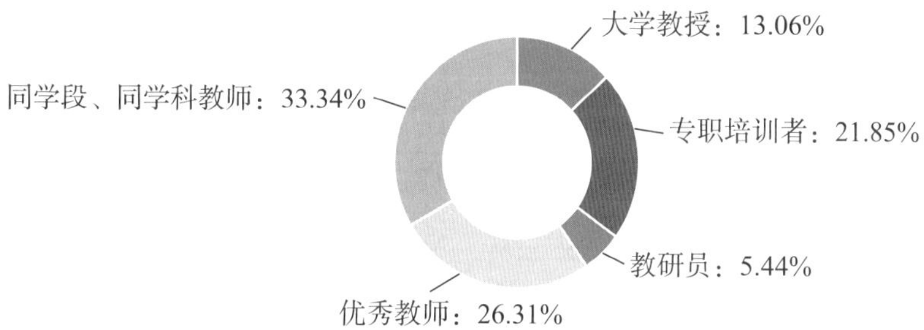

图 3–20 中小学教师最喜欢的专业指导者

由图 3–21 可知，班主任最喜欢的专业指导者依次是优秀班主任、专职培训者和大学教授。约 57% 的班主任倾向于选择优秀班主任作为专业指导者，表明优秀班主任是最受欢迎的专业指导者。

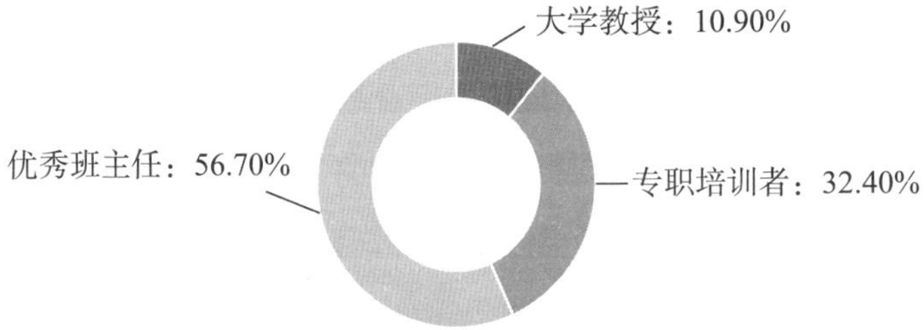

图 3-21　班主任最喜欢的专业指导者

由图 3-22 可知，幼儿园园长 / 中小学校长最喜欢的专业指导者依次是优秀幼儿园园长 / 中小学校长、专职培训者和大学教授。约 52% 的幼儿园园长 / 中小学校长倾向于选择优秀幼儿园园长 / 中小学校长作为专业指导者，表明优秀幼儿园园长 / 中小学校长是最受欢迎的。

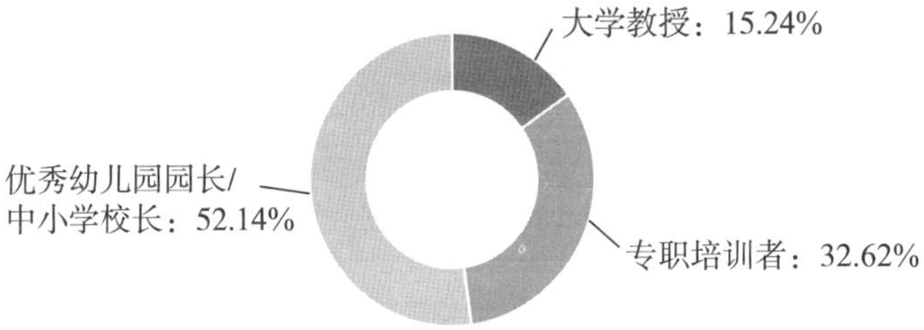

图 3-22　幼儿园园长 / 中小学校长最喜欢的专业指导者

二、差异化培训需求分析

教师的培训需求表现出一定的差异性，通过分析不同背景下教师的不同培训需求，我们可以为个性化的教师培训提供有益的指导。

培训的差异性需要进行交叉分析，为此，我们设置了两类不同的变量集来进行交叉分析，第一类是教师培训的需求变量集，包括专业知识方面的需求（中小学教师）、专业能力方向上的需求、信息技术提升方面的需求、培训形式方面的需求、培训考核方式方面的需求；第二类是差异变量集，包括教龄、学历、地区。

在探索不同背景下教师的不同培训需求时，本书使用“卡方检验”（皮尔逊卡方）来计算这类数据的显著性，卡方检验后，如果在渐进显著性上的值

（即 P 值）小于 0.05，则表明不同背景下的教师有不同的培训需求差异，如果 P 值大于 0.05，则表明不同背景下的教师没有显著培训需求差异。

（一）不同教龄教师在专业知识需求方面的选择差异分析

1. 小学不同教龄教师在专业知识需求方面的选择差异分析

由表 3–21 的 P 值为 0.000 可知，在小学，不同教龄的教师对专业知识方面的需求有显著差异。

表 3–21　教龄 * 专业知识（小学）卡方检验（P 值为 0.000）

专业知识分类	教龄				P 值
	5 年以下	5~10 年	11~20 年	21 年及以上	
课标解读与教材分析	67.40%	70.70%	68.20%	71.40%	0.023
小学生身心发展规律	70.30%	67.50%	64.00%	60.30%	0.000
小学生习惯养成方法	70.80%	71.40%	65.50%	63.50%	0.000
小学有效教学的实施	68.20%	70.00%	66.50%	63.00%	0.000
多元智能理论	46.50%	46.80%	38.70%	31.40%	0.000
小学生身心健康	58.10%	56.30%	57.30%	56.10%	0.675
课改现状与趋势	51.70%	54.90%	54.60%	53.50%	0.477

注：统计学当中用 * 表示卡方检验，即行 * 列交叉表检验。

具体表现为：5 年以下教龄的教师在“小学生身心发展规律”方面，5~10 年教龄的教师在“小学生习惯养成方法”“小学有效教学的实施”“多元智能理论”三个方面，21 年及以上教龄的教师在“课标解读与教材分析”方面，P 值均小于 0.05，显示出更大的需求。

2. 中学不同教龄教师在专业知识需求方面的选择差异分析

由表 3–22 的 P 值为 0.000 可知，在中学，不同教龄的教师对专业知识方面的需求有显著差异。

具体表现为：5 年以下教龄的教师在“中学生学习心理”方面，5~10 年教龄的教师在“多元智能理论”“创造性思维训练”“课改深化的重难点”方面，11~20 年教龄的教师在“有效教学的标准与实施”方面，21 年及以上教龄的教师在“课标解读与教材分析”“课程的认知情感目标”方面，P值均小于0.05，显示出更大的需求。

表3–22 教龄 * 专业知识（中学）卡方检验（P值为0.000）

专业知识分类	教龄				P值
	5年以下	5~10年	11~20年	21年及以上	
课标解读与教材分析	58.00%	57.40%	59.40%	63.30%	0.001
课程的认知情感目标	47.30%	47.20%	47.00%	49.60%	0.031
学生自学的习惯养成	61.40%	64.10%	64.00%	63.50%	0.059
有效教学的标准与实施	55.60%	60.70%	61.70%	60.10%	0.015
多元智能的理论	38.30%	38.60%	35.70%	30.10%	0.000
中学生学习心理	48.30%	47.50%	46.80%	42.20%	0.000
创造性思维训练	52.20%	52.70%	52.50%	46.50%	0.000
课改深化的重难点	46.80%	47.10%	46.80%	44.20%	0.004

注：统计学当中用 * 表示卡方检验，即行 * 列交叉表检验。

（二）不同教龄教师在专业能力需求方面的选择差异分析

由表3–23的P值为0.000可知，不同教龄的教师对专业能力方面的需求有显著差异。

表3–23 教龄 * 专业能力卡方检验（P值为0.000）

专业能力分类	教龄				P值
	5年以下	5~10年	11~20年	21年及以上	
教材与学情分析方法	63.70%	56.40%	59.10%	60.80%	0.000
学生心理健康教育方法	54.40%	57.00%	55.20%	51.00%	0.000
学生学习困难的指导	54.70%	59.70%	58.40%	58.10%	0.028
学业评价的手段和方法	40.30%	40.60%	41.10%	40.40%	0.045
校本课程开发与研究	33.60%	38.20%	34.30%	33.40%	0.001
教学中偶发事件的处理	45.60%	41.50%	35.40%	29.20%	0.000
教育科研与论文写作	39.70%	42.40%	40.50%	29.10%	0.000

续表

专业能力分类	教龄				P 值
	5 年以下	5~10 年	11~20 年	21 年及以上	
课程资源整合	37.60%	37.20%	39.10%	37.60%	0.052
教师专业发展规划	42.00%	41.90%	37.00%	28.60%	0.000
班主任工作方法	47.50%	42.30%	35.20%	19.10%	0.000
教师职业倦怠调节	33.40%	33.00%	30.50%	27.10%	0.000
家校合作与沟通	37.30%	35.80%	33.60%	30.00%	0.000

注：统计学当中用 * 表示卡方检验，即行 * 列交叉表检验。

具体表现为：5 年以下教龄的教师在“教材与学情分析方法”“教学中偶发事件的处理”“教师专业发展规划”“班主任工作方法”“教师职业倦怠调节”“家校合作与沟通”几个方面，5~10 年教龄的教师在“学生心理健康教育方法”“学生学习困难的指导”“校本课程开发与研究”“教育科研与论文写作”几个方面，11~20 年教龄的教师在“学业评价的手段和方法”方面，*P* 值均小于 0.05，显示出更大的需求。

（三）不同教龄教师在信息技术需求方面的选择差异分析

由表 3–24 的 *P* 值为 0.042 可知，不同教龄的教师对信息技术方面的需求有显著差异。

表 3–24　教龄 * 信息技术卡方检验（*P* 值为 0.042）

信息技术分类	教龄				P 值
	5 年以下	5~10 年	11~20 年	21 年及以上	
多媒体环境下教学设计	48.00%	54.90%	57.30%	53.10%	0.000
多媒体课件制作与使用	49.00%	56.40%	59.40%	53.70%	0.000
新教学媒体的应用	41.30%	48.10%	45.40%	40.30%	0.000
网络教学资源利用	38.40%	41.70%	42.10%	38.20%	0.000
技术支持的教学评估	29.60%	31.90%	31.30%	25.20%	0.000
网络教学平台的应用	30.20%	31.40%	32.50%	32.60%	0.000

注：统计学当中用 * 表示卡方检验，即行 * 列交叉表检验。

具体表现为：与其他教龄教师相比，5~10 年教龄的教师在“新教学媒体的应用”“技术支持的教学评估”方面，11~20 年教龄的教师在“多媒体环境下教学设计”“多媒体课件制作与使用”“网络教学资源利用”方面，21 年及以上教龄的教师在“网络教学平台的应用”方面，P 值均小于 0.05，显示出更大的需求。

（四）不同教龄教师在培训形式需求方面的选择差异分析

由表 3–25 的 P 值为 0.000 可知，不同教龄的教师对培训形式方面的需求有显著差异。

表 3–25　教龄 * 培训形式卡方检验（P 值为 0.000）

培训形式分类	教龄				P 值
	5 年以下	5~10 年	11~20 年	21 年及以上	
集中讲座	36.20%	30.10%	28.20%	31.20%	0.000
专题讲座与研讨结合	49.70%	46.40%	45.20%	45.90%	0.004
讲座与观摩实践结合	65.10%	65.40%	59.60%	59.20%	0.000
师带徒式	56.00%	46.70%	34.90%	22.50%	0.000
课堂观察与案例制作	57.20%	56.50%	51.60%	44.60%	0.000
讲座与跟踪实践结合	37.10%	37.10%	30.80%	29.60%	0.000
送教下乡	17.90%	18.90%	21.20%	20.70%	0.003
围绕课题合作研究	28.20%	30.60%	28.40%	25.90%	0.000
自行选择学习内容	24.30%	25.10%	27.90%	26.30%	0.004

注：统计学当中用 * 表示卡方检验，即行 * 列交叉表检验。

具体表现为：5 年以下教龄的教师在“集中讲座”“专题讲座与研讨结合”“师带徒式”“课堂观察与案例制作”“讲座与跟踪实践结合”方面，5~10 年教龄的教师在“讲座与观摩实践结合”“讲座与跟踪实践结合”“围绕课题合作研究”方面，11~20 年教龄的教师在“自行选择学习内容”“送教下乡”方面，P 值均小于 0.05，显示出更大的需求。

（五）不同教龄教师在培训考核方面的选择差异分析

由表 3–26 可知，不同教龄的教师对培训考核形式方面的需求有显著差异。

表 3-26　教龄 * 培训考核形式教龄卡方检验

培训考核形式分类	教龄				P 值
	5 年以下	5~10 年	11~20 年	21 年及以上	
试卷测试	27.20%	27.20%	28.10%	32.70%	0.000
培训总结	45.00%	45.30%	47.50%	49.50%	0.000
教育教学案例	51.50%	46.10%	43.30%	45.30%	0.000
专题论文	19.20%	19.30%	15.80%	13.80%	0.000
多形式结合	54.40%	51.90%	49.80%	48.10%	0.000

注：统计学当中用 * 表示卡方检验，即行 * 列交叉表检验。

具体表现为：5 年以下教龄的教师在“教育教学案例”“多形式结合”方面，5~10 年教龄的教师在“专题论文”方面，21 年及以上教龄的教师在“试卷测试”“培训总结”方面，*P* 值均小于 0.05，显示出更大的需求。

（六）不同地区教师在专业知识需求方面的选择差异分析

1. 以城市（市直、蓬江、江海、新会、鹤山）与农村（台山、恩平、开平）为变量

（1）农村与城市的小学教师

由表 3-27 可知，农村与城市的小学教师对专业知识的需求有显著的不同。具体表现在：相比较而言，农村教师更喜欢课标解读与教材分析；城市教师更喜欢多元智能理论。

表 3-27　地区 * 专业知识需求（小学）交叉表

内容			课标解读与教材分析	小学生身心与认知发展规律	小学生习惯养成的方式方法	小学有效教学的标准与实施	多元智能理论	小学生心理健康与安全	课程改革现状与发展趋势	总计
地区	城市	计数	2 196	2 020	2 165	2 127	1 379	1 810	1 776	13 473
		百分比	16.3%	15.0%	16.1%	15.8%	10.2%	13.4%	13.2%	100.0%
	农村	计数	2 751	2 447	2 476	2 483	1 210	2 210	2 022	15 599
		百分比	17.6%	15.7%	15.9%	15.8%	7.8%	14.2%	13.0%	100.0%

续表

卡方检验			
	值	自由度	渐进显著性
皮尔逊卡方	63.046[a]	6	0.000

注：统计学当中用＊表示卡方检验，即行＊列交叉表检验。

（2）农村与城市的中学教师

由表3–28可知，皮尔逊卡方值为28.665[a]，P值为0.991，大于0.05，表明在中学，不同地区的教师对专业知识方面的需求没有显著的差异。

表3–28　地区＊专业知识（中学）卡方检验

	值	自由度	渐进显著性
皮尔逊卡方	28.665[a]	49	0.991

注：统计学当中用＊表示卡方检验，即行＊列交叉表检验。

2. 以基础教育水平为变量

基础教育水平较好的地区有市直、蓬江、新会，基础教育水平一般的地区有江海、鹤山，基础教育水平薄弱的地区有开平、恩平、台山。

（1）农村与城市的小学教师

由表3–29可知，不同基础教育水平地区的小学教师对专业知识的需求有显著的不同。具体表现在：相比较而言，第一梯队教师更喜欢关注课程改革现状与发展趋势；第二梯队教师更喜欢课标解读与教材分析、小学生有效教学的标准与实施；第三梯队教师更喜欢小学生习惯养成的方式方法。

表3–29　基础教育水平＊专业知识需求（小学）交叉表

类别			课标解读与教材分析	小学生身心与认知发展规律	小学生习惯养成的方式方法	小学生有效教学的标准与实施	多元智能理论	小学生心理健康与安全	课程改革现状与发展趋势	总计
基础教育水平	第一梯队	计数	1 436	1 139	1 377	1 283	1 168	929	1 365	8 697
		百分比	16.5%	13.1%	15.8%	14.8%	13.4%	10.7%	15.7%	100.0%
	第二梯队	计数	800	760	671	750	737	608	450	4 776
		百分比	16.8%	15.9%	14.1%	15.7%	15.4%	12.7%	9.4%	100.0%

续表

类别			课标解读与教材分析	小学生身心与认知发展规律	小学生习惯养成的方式方法	小学生有效教学的标准与实施	多元智能理论	小学生心理健康与安全	课程改革现状与发展趋势	总计
基础教育水平	第三梯队	计数	1 210	2 476	2 751	2 201	2 483	2 447	2 022	15 590
		百分比	7.8%	15.9%	17.6%	14.1%	15.9%	15.7%	13.0%	100.0%

卡方检验			
	值	自由度	渐进显著性
皮尔逊卡方	769.303[a]	12	0.000

注：统计学当中用 * 表示卡方检验，即行 * 列交叉表检验。

（2）农村与城市的中学教师

由表 3–30 可知，不同基础教育水平地区的中学教师对专业知识的需求有显著的不同。具体表现在：相比较而言，第一梯队教师更关注创造性思维训练及应用；第二梯队教师更关注课程改革再深化的重难点问题；第三梯队教师更关注课标解读与教材分析、有效教学的标准与实施。

表 3–30　基础教育水平 * 专业知识需求（中学）交叉表

类别			专业知识需求（中学）								总计
			课标解读与教材分析	课程的认知目标与情感目标	学生自主学习的习惯养成	有效教学的标准与实施	多元智能理论	中学生学习心理特点	创造性思维训练及应用	课程改革再深化的重难点问题	
基础教育水平	第一梯队	计数	995	1 040	882	794	633	784	1 079	765	6 972
		百分比	14.3%	14.9%	12.7%	11.4%	9.1%	11.2%	15.4%	11.0%	100.0%
	第二梯队	计数	267	360	356	303	282	209	281	387	2 445
		百分比	10.9%	14.7%	14.6%	12.4%	11.5%	8.5%	11.5%	15.9%	100.0%
	第三梯队	计数	2 913	2 088	2 807	2 763	2 273	2 231	1 518	2 094	18 687
		百分比	15.6%	11.2%	15.0%	14.8%	12.2%	11.9%	8.1%	11.2%	100.0%

续表

卡方检验			
	值	自由度	渐进显著性（双侧）
皮尔逊卡方	548.374[a]	14	0.000

注：统计学当中用 * 表示卡方检验，即行 * 列交叉表检验。

（七）不同地区教师在专业能力需求方面的选择差异分析

由表 3–31 可知，不同地区的教师对专业能力方面的需求没有显著的差异。

表 3–31　地区与教师专业能力需求卡方检验

卡方检验			
	值	自由度	渐进显著性
皮尔逊卡方	9.304[a]	7	0.232

（八）不同地区教师在信息技术需求方面的选择差异分析

由表 3–32 可知，不同地区的教师对信息技术方面的需求没有显著差异。

表 3–32　地区与教师信息技术需求卡方检验

	值	自由度	渐进显著性
皮尔逊卡方	37.565[a]	35	0.352

（九）不同学历教师在培训需求方面的选择差异与分析

由于拥有博士学位（4 人）的教师数量太少，不适合进行差异分析，所以在此部分进行差异分析时会排除博士学位这个变量。

不同学历教师的培训需求集中在专业知识上，趋势是学历层次越高的教师越能够分析自己在学科知识方面的不足，具体表现为能够提出拓展知识和深化学科知识的需求。

三、隐性培训需求分析

在问卷和座谈中，教师提出的需求是他们在工作中遇到的真实问题，但较为笼统而模糊，经实地调研进一步发现一些隐性的更深层次的需求，这些需求对教师成长的影响更大，因此需要深入分析。

（一）师德和工作态度

1. 提升归属感和效能感

中年教师与新教师在提升归属感和效能感方面的需求很明显。

2. 安于现状，停滞不前的惰性

中年教师安于现状、停滞不前，惰性表现得更明显。

这两方面的问题都是以教师的内在因素为主，但与客观环境和学校管理也有一定的关系。在样本校中观察发现：学校管理严格、干部紧随领导意图工作、有对上负责的现象。对一线老师提出的建议，学校采纳不足，存在对教师信任不足等现象，这都需要通过提高学校管理层的管理水平来改善。

（二）教育理念与价值取向

1. 缺乏以学生为主体设计和实施教学的思想

教师在教学过程中，存在对学生的学习状态评价不足、反馈调整不足、教学支架设置不合理、教学反思不足等现象。这些问题反映的不仅是教学技能的不足，更深层次的原因在于教育理念的缺失。

2. 对学生思维与学习能力的发展价值缺乏认识

部分教师习惯于在教学中迅速确定解决问题的方向和思路，然后按照思路，层层设置细小的问题，引导学生解题。这类方法虽然效率高，但不利于培养学生解决问题的能力。学生在课堂上表现为不主动思考，这种现象主要是教师重分数、重知识点，忽视学生的长远发展造成的。

（三）学力水平

学力是学习能力和知识水平的简称，指一个人的知识水平，以及在接受知识、理解知识和运用知识方面的能力。学力与学历有一定关系，但并不相等。

在调查样本中，有 70% 的教师把教学内容当作孤立的知识点讲解，形成碎片化的知识，造成学生解决问题能力较差。这些问题反映出教师在接受知识、理解知识和运用知识方面的能力不足。调查中发现，实施新课改后，这些教师未能充分理解学科的核心概念和思想方法，不能从新教材中整理出系统的、进阶性的结构并运用在教学中。

提高教师的学力水平是最普遍的隐性需求，但是学力水平越低，越无法自知，因为学力水平受个人智力水平限制。因此，提高教师的学力水平是教师培训的核心工作，而提高骨干教师、备课组长的学力水平尤为关键，同时也要鼓励有条件的教师提高学历层次。

（四）观摩和反思

教师接受知识、理解知识和运用知识方面的能力不足同样暴露在校本培训、师徒结对、外出学习中，必须通过培训，提高他们的研究能力和总结概括能力，形成反思习惯。

（五）信息技术应用能力

江门市毗邻港澳，是改革开放的前沿，大多数教师能够熟练运用多媒体技术。教师搜集和利用网络资源能力强，运用多媒体技术制作课件技能较高，但在改变学习方式、实现个性化学习和提高学习效率等方面还有待进一步提升。

第四章

江门市高质量教师培训体系建设的实践研究

高质量教师培训体系是顶层设计和持续建设相互作用的结果。本章主要对江门市高质量教师培训体系建设的背景、指导思想、总体框架、主要目标、主要任务、发展历程和保障机制等进行介绍。

第一节　江门市高质量教师培训体系建设的背景

一、教育高质量发展是我国当前教育改革的核心任务

中华人民共和国成立 70 多年来，我国的教育事业取得了令世人瞩目的成就，教育规模不断扩大，教育结构更加合理，教师队伍日益壮大，建成了世界上较大规模的教育体系，总体发展水平进入世界中上行列。我国教育在取得瞩目成就的同时，也存在着各种问题，比如教育发展不平衡问题、教育还无法满足人民的高质量需求等。因此，在《中华人民共和国国民经济和社会发展第十四个五年规划和 2035 年远景目标纲要》中明确提出“建设高质量教育体系”。

“百年大计，教育为本。”进入新时代，以习近平同志为核心的党中央高度重视教育事业的发展，多次在重要会议上强调要“加快建设高质量教育体系”“办好人民满意的教育”。“教育大计，教师为本。”要实现教育高质量发展的目标，离不开高质量的教师队伍建设。以习近平同志为核心的党中央做出一系列重大决策部署，制定了一系列关于教师队伍建设的政策文件，特别是 2018 年印发的《中共中央　国务院关于全面深化新时代教师队伍建设改革的意见》（以下简称《意见》）。《意见》明确提出“到 2035 年，教师综合素质、专业化水平和创新能力大幅提升，培养造就数以百万计的骨干教师、数以十万计的卓越教师、数以万计的教育家型教师”的发展目标。为了实现上述目标，教师培训就显得格外重要，而教师培训要想发挥应有的积极作用，培训课程体系建设又是重中之重，因此在《意见》中也明确提出“转变培训方式”“改进培训内容”“组织高质量培训”。2022 年 4 月，教育部等八部门印发了专门针对基础教育的《新时代基础教育强师计划》（以下简称《强师计划》）。《强师计划》再次明确提出：“高质量教师是高质量教育发展的中坚力量”，进一步强

调教师队伍职后学习和培训的重要性。

为了贯彻党中央关于“加快建设高质量教育体系”“办好人民满意的教育”一系列重大部署，广东省和江门市先后根据国家文件精神，结合所在地区的实际，制定出台了《广东省教育发展“十四五”规划》《广东省推动基础教育高质量发展行动方案》《江门市教育发展“十四五”规划》和《江门市推动基础教育高质量发展行动方案》，在以上规划和行动方案中，从党和政府的站位高度强调教师队伍建设的重要性，突出强调教师队伍整体能力素质的提升，强调不同类别教师的系统性和体系化的教师培训。比如，《广东省推动基础教育高质量发展行动方案》明确提出“提高校长、教师、教研员能力素质（校长办学治校能力、骨干教师培养、教师教育教学能力、教研队伍建设）”。《江门市推动基础教育高质量发展行动方案》则根据广东省的行动方案，结合江门市实际情况，更进一步明确提出“充分发挥市县级教师发展中心教科研训作用，高质量完成五年一周期教师全员培训任务，建立市级统筹、县区级分级负责的培训管理体系，创新培训形式，提升培训质量”。

综上所述，在新时代的背景下，无论是国家层面，还是省、市级层面，都将高质量教育发展放在非常重要的位置，把高质量教师的培养和培训放在突出位置。为此，我们开展“建构与基础教育高质量发展相匹配的教师培训课程体系——以江门市为例”课题研究，提出契合新时代教育发展的要求，创新校长、教师、教研员三支队伍培养体系，聚焦新时代教育背景下重点研究与关注的核心问题。

二、推进教育领域“人才倍增”工程是实现教育高质量发展的重要保障

当今社会的竞争，归根到底是人才的竞争。高素质人才的培养，离不开高质量教育的发展，高质量教育的发展又离不开高质量教师队伍建设。因此，从这个意义上说，高质量教师人才队伍既是高质量人才极其重要的组成部分，又是培养社会需要的各类高素质人才的重要保障。如何实现教师队伍的高质量

发展呢？江门市委高度重视人才工作建设，在全市第十四次党代表大会上提出“人才倍增”工程。在教育人才方面，会议提出“大力推进‘新强师工程’，建立江门教育人才库，每年按照全市教师队伍总数10%的比例培养骨干教师，培养600名以上县级教学名师、100名以上市级卓越教师”。如何实现江门市教育“人才倍增”工程的发展目标呢？一方面，需要大力引进省内外高学历的优秀毕业生充实基础教育教师队伍；另一方面，进一步加强对校长、教师、教研员三支队伍的精准培训。

多年来，江门市高度重视中小学教师的培训工作和培训课程建设，保证投入，组织有序，每年组织开展40 000多名专任教师的培训工作，使中小学教师培训管理和课程建设向专业化发展迈出了重要一步，切实促进了中小学教师的专业发展，进而提升了江门市基础教育整体质量。2018年，江门市在全市范围内开展过一次中小学教师培训需求调查，大约18000名中小学教师参与了本次调查。结果显示，中小学教师对培训工作认同度较高，但仍存在有待改进之处，一个比较突出的问题是缺乏完善的教师培训体系。目前，在江门市委市政府的高度重视下，我们在全市范围内全面、系统地制定了校长、教师和教研员三支队伍的培训体系。

为了进一步贯彻落实各级政府关于基础教育教师队伍建设的文件精神，我们力图提炼和建构出相对全面、系统、科学、精准，且符合江门实际和独具江门特色的教师培训体系，更好地满足不同层次的教师专业发展需求，进而提高区域中小学教师队伍专业素质，实现促进江门基础教育高质量发展的目标。

第二节 江门市高质量教师培训体系建设的指导思想、总体框架与主要目标

一、江门市教师培训体系建设的指导思想

以习近平新时代中国特色社会主义思想为指导，全面贯彻党的教育方针，牢记为党育人、为国育才使命，落实立德树人根本任务。聚焦江门市教育高质量发展要求，坚持教师培训扎根基础教育、服务基础教育的根本定位，遵循教育规律和教师成长规律，加强教师培训工作的顶层设计和一体化建设，从科学规划、聚焦重点、夯实责任、强化保障等方面着手，以提升教师培训质量为核心，健全教师分层分类培训体系，创新教师培训模式，为实现江门市教育领域“人才倍增”工程目标和基础教育高质量发展奠定基础。

二、江门市教师培训体系建设的总体框架

江门市高质量教师培训体系建设以成人学习理论、持续专业发展理论、组织系统理论等为指导，明晰教师专业发展、教师培训体系的设计要素及基本特点，聚焦当前教师培训课程的开发存在的课程目标脱离培训需求、课程内容难以支撑预期课程目标、课程目标达成度的评价水平不高等问题，在厘清区域内校长、教师、教研人员不同主体的专业发展需求，明确主体、目标、课程及期满标准四维要素，打造分层分类培训新体系，指向基础教育高质量教师培训，推动区域教育质量优质高速发展。其中，干训类“5+1”梯队成长体系——序列化开展干部分层培训，分为后备干部、新任校长、骨干校长、名校长、教育家型校长五大培养工程，外加专题类培训；师训类“5+2”梯队成长体系——规范化开展教师分层培训，分为新教师、新锐教师、骨干教师、教学名师、教育家型教师五大培养工程，外加专题类培训、校本研修；教研类“2+1”梯队成长体系——品位化抓牢教研团队全员培训，对新任专（兼）职教研人员、骨

干教研人员分层培训，外加专题类培训。总体框架如图 4-1 所示。

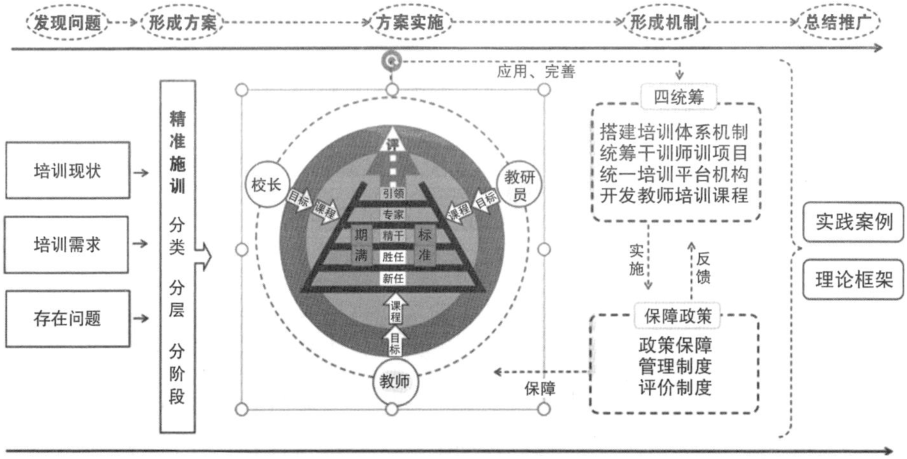

图 4-1　总体框架图

三、江门市教师培训体系建设的主要目标

（一）整体目标

以推进江门市基础教育高质量发展为中心，以校长、教师和教研人员专业标准为依据，以提高师德素养和业务能力为核心，建设一支高素质、专业化、创新型教育管理干部队伍，打造一支品德高尚、业务精湛的教师队伍，建强一支“能教善研”的教研队伍；全面提升中小学校长及教育管理干部的教育管理能力、教师的教育教学能力、教研人员的教育科研能力，促进全市基础教育质量稳步提升。

（二）具体目标

1. 建立健全培训培养新体系

（1）搭建并完善市、县、校联动的教师培训支撑体系

形成市级教师发展中心—县级教师发展中心—教师发展学校三级联动、整体推进、协同创新的中小学教师培训支撑体系，发挥市级教师发展中心的统筹指导作用，发挥县级教师发展中心在本地教师培训中的主阵地作用，发挥以江门市特色教师发展学校集群为基础的教师发展学校的示范带动作用，围绕

教育教学改革，创新培训模式，突出“实践”导向，推动培训理论与实践相融合。

（2）建立健全分级负责的教师培训管理体系

形成市、县、校分级负责，分工明确的教师培训体系。市培项目主要开展骨干教师校长能力提高、名师名家培养等培训，统筹组织和指导各县（市、区）开展全员培训，市级按全市中小学专任教师数量10%左右开展骨干教师培养培训；各县（市、区）主要开展全员培训，统筹指导中小学学校开展校本研修，学校主要开展个性化校本研修。

（3）建立规范分级分层的关键人群梯度培养体系

形成围绕新锐教师—骨干教师—名教师三层关键人群的市—县—校三级梯度培养体系。市、县、校分设以上三层项目，原则上市一级培养对象需为县级认定对象，县级培养对象需为校级认定对象。三级协同培养，壮大基础教育高质量人才培养基数。

2. 实施精准培训，搭建梯队成长新生态

培训分干训类、师训类、教研类三类，如表4–1、表4–2和表4–3所示。

（1）干训类

表4–1　干训类“5+1”梯队成长体系

目标	类别					
	后备干部培养工程	新任校长培养工程	骨干校长培养工程	名校长培养工程	教育家型校长培养工程	专题类培训
中小学教育管理干部	熟悉岗位	胜任岗位	建立标准	成名成家	发展引领	专项能力

其一，序列化开展干部分层培训。市、县两级组织开展后备干部培养工程、新任校长培养工程、骨干校长培养工程、名校长培养工程、教育家型校长培养工程五阶段分层培训，围绕区域教改、学校管理、师生发展等维度开展校长培训研修，分别达到熟悉岗位、胜任岗位、建立标准、成名成家、发展引领的培养目标。

其二，个性化开展干部专题培训。根据区域教育发展需要，分内容开展教育管理干部的专题类培训，有针对性地提升能力。

（2）师训类

表 4-2 师训类“5+2”梯队成长体系

目标	类别						
	新教师规范化培训	新锐教师培养工程	骨干教师培养工程	教育教学名师培养工程	教育家型教师培养工程	专题类培训	校本研修
中小学专任教师	熟悉岗位	胜任岗位	学科引领	成名成家	引领改革	专项能力	个性发展

其一，规范化开展教师分层培训。组织开展新教师规范化培训、新锐教师培养工程、骨干教师培养工程、教育教学名师培养工程、教育家型教师培养工程五阶段分层培训，分别达到熟悉岗位、胜任岗位、学科引领、成名成家、引领改革的培养目标，市、县、校三级协同建立与完善新教师、青年骨干教师、骨干教师、名教师（名班主任）、教育家型教师梯队成长体系，构建教师成长新生态。

其二，专业化实施教师专题培训。根据区域教育发展需要，分学段、分学科开展教师专题培训，重点举办乡村教师提质专题、义务教育阶段新课标专题、师德师风专题、信息技术专题、心理健康教育专题、教育科研专题等培训，同时加强思政课教师、紧缺薄弱学科专题培训。

其三，精细化落实校本研修。通过开展具有江门市特色的校本研修及教师个性化线上选学活动，提升教师教育教学“内功”。

（3）教研类

表 4-3 教研类“2+1”梯队成长体系

类别目标	新任专（兼）职教研人员	骨干教研人员	专题类培训
教研团队	胜任岗位	带动引领	专项能力

其一，品位化抓牢教研人员全员培训。创建江门市特色“教研训一体化”教研人员能力提升研修体系，健全教研团队全员培训和三年一周期教研能力提升研修制度，每位教研人员每年接受培训累计不少于 90 学时。支持教研人员

参加国内外教研交流与合作。

其二，专业化抓实教研人员分层培训。开展新任专（兼）职教研人员、骨干教研人员两项分级培训，分别达到胜任岗位、带动引领的培养目标，同时开展教研人员专题类培训，提升专项能力。

第三节　江门市高质量教师培训体系建设的主要任务与发展历程

一、江门市教师培训体系建设的任务

（一）建立完善的培养体系，高标准严要求抓实干训类培训

1. 落实后备干部培养工程

根据区域教育发展需要，物色一批年轻力强的教育管理后备干部，开展教育管理后备干部培养，结合当地教育发展规划，分别培养学校中层后备管理干部和校级后备管理干部。

2. 办实校（园）长任职资格培训工程

落实校（园）长持证上岗要求，市一级负责新任（含拟任）初中校长任职资格培训。各县（市、区）负责本区域小学校长任职资格及幼儿园园长任职资格培训。培训坚持以学员为主体、以问题解决为导向、以能力提升为目标，培训内容分为理论学习（150 学时）、跟岗实践（90 学时）、远程研修（30 学时）及案例研究（30 学时）四个模块。

3. 压实骨干校长培养工程

遴选一批优秀中青年校长，针对规划学校发展、营造育人文化、领导课程教学、引领教师成长、优化内部管理、调试外部环境等六个方面开设培训课程，帮助校长总结办学经验、形成办学特色、提升办学治校能力。培养过程中表现优秀的人员可推荐进入名校长培养工程。

4. 扎实名校长培养工程

遴选一批富有潜力的骨干校长进行培养，帮助校长反思办学治校效果，提炼办学思想，重点提升战略思维能力、教育创新能力和引领学校可持续发展能力。培养一批具有卓越领导力，能办出优质名校的名校长，培养过程中表现优秀的人员可推荐进入教育家型校长培养工程。

5. 夯实教育家型校长培养工程

对特别优秀的中小学校（园）长进行个性化培养，造就一批具有广泛社会影响力和知名度、能够引领基础教育改革发展的教育家型校长；通过培训，培养具有鲜明教育思想和教育风格的“大先生”。

6. 抓实业务发展专题研修工程

根据区域教育发展需要，按业务内容开展校（园）长、书记或教师培训管理者、培训者等群体培训。

（二）建立科学发展体系，高质量严条件抓牢师训类培训

1. 系统化实施新教师培训工程

建立市、县、校三级分级培训机制，培训内容包括职业感悟与师德修养、课堂经历与教学实践、班级工作与德育体验、教学研究与专业发展四大方面。市级教师发展中心制定《江门市中小学新入职教师规范化培训手册》，并作为江门市新教师培训考核依据。通过新教师规范化培训，夯实各级新教师培训实效，新教师规范化培训表现优异的人员可进入新锐教师培养工程。

2. 序列化开展新锐教师培养工程

市、县、校三级分别设置新锐教师培养项目，将入职3~5年的优秀青年教师纳入新锐教师培养行列，加强学科专业知识和教育教学专业技能培训。市级教师发展中心制定市级新锐教师培养结业标准，县（市、区）根据市级标准设定县（市、区）培养结业标准，原则上市级培养对象是经县（市、区）培养且表现优秀的学员，县级培养对象是经学校培养后的校级新锐教师。经培养合格的新锐教师可进入各级骨干教师培养工程。

3. 精细化推进骨干教师培养工程

市、县两级根据区域内各学段各学科专任教师的规模分别设置骨干教师培养项目，课程主要是提高学员的学科专业素养、了解教育教学改革动向和新教材新课标的要求等，为中小学、幼儿园培养一批教育教学能手、教育教学改革的先锋。市级主要组织实施高中阶段学科骨干教师及部分初中学科骨干教师的培训，县（市、区）级组织开展初中、小学和幼儿园阶段骨干教师的培训工作。在培养过程中表现优秀的学员可进入教育教学名师培养工程。

4. 个性化实践教育教学名师培养工程

市、县两级分别设置名教师、名班主任培养项目，在优秀的骨干教师中遴选教学业绩优异的教师和教育成效良好的班主任，通过培养课程帮助其总结工作经验、提炼个人教育教学风格、拓宽教育视野、更新教育教学理念，助推其成为全市乃至全省有较高知名度和影响力的专家型教师。原则上市级培养对象须获得县级教学名师或名班主任荣誉。

5. 理论化探索教育家型教师培养工程

在省、市级名教师、名班主任中筛选一批教育教学业绩优秀、专业素质超群的“种子”，通过个性化指导，培育一批具有教育教学研究、改革、实验能力，能总结教学经验、教学思想，形成教学风格，并使之系统化，具有一定国际视野、能引领区域教育改革与发展的卓越教师和教育家型教育人才。

6. 合理化开展专题类培训工程

根据每年教育教学发展需要，分群体开展各类专题培训。重点加强师德专题、乡村教师提质专题、义务教育阶段新课标专题、信息技术专题、心理健康教育专题、教育科研主题培训，同时加强思政课教师、紧缺薄弱学科教师等群体的培训。

7. 规范化实施校本研修工程

建立与学校整体发展、教师专业发展相统一的校本培训制度，结合学校发展规划设计“一校一案”、依据学科教学目标设计“一科一策”、根据教师个人成长方向确立“一师一题”，广泛利用资源开展形式多样的校本研修活动。

（三）建立创新研究体系，高水平严准则抓细教研团队专项培训

1. 聚焦国家教育教学改革核心问题，创新教研团队分级培训机制

围绕新课标实施、新教材使用和教育教学改革深化等问题，组织市级学科教研团队、县（区）学科教研团队、学校学科组长分级分类培训，开展主题式学科联研活动及跨学科教学展示活动。

2. 聚焦区域教育教学关键问题，拓宽教研人员专项培训视野

聚焦教育教学难点，以提升教研人员的综合能力、培养学科专家型教研人员为目标，在角色定位、关键能力、教研组建设、校本教研、职业困惑与突破等方面更新教研理念，提升教研人员的专业素养和教育教学能力。

（四）多层面多角度打造具备江门市特色的教师发展基地学校新集群

1. 勇立潮头

推进一批省级学科教研基地、校（园）本教研基地、普通高中新课程新教材实施示范校、校本研修示范学校、信息化中心学校建设，发挥省级集群学校示范引领作用。

2. 开拓创新

创建一批市级学科教研基地、校（园）本教研基地、普通高中新课程新教材实施市级示范校、义务教育阶段新课程推进市级示范学校等，引领全市中小学新课程改革与实施。

3. 脚踏实地

打造一批县级学科教研基地，培养优秀学科教研团队，促进全市中小学教育教学质量提升。

（五）多维度多举措建设完善江门市教师专业发展平台新矩阵

1. 实现资源共建共享

加强专题课堂、名师课堂、名校网络课堂三个课堂建设，推动优质教育教学资源共建共享。

2. 发挥平台矩阵作用

基于江门市中小学教师管理平台、江门市教育教学直播平台、江门市教育资源公共服务平台、江门市教研平台、江门市特殊教育管理平台等平台矩阵，开展江门市“五邑名师大讲堂”、基础教育精品课堂教育教学资源征集等系列活动。

3. 打造优质品牌项目

充分利用中小学青年教师教学能力大赛、中小学班主任专业能力大赛等

赛事，“南方教研大讲堂”“五邑名师大讲堂”“省百学员巡回讲学”等平台，为青年教师展示教育教学风采提供学习交流平台。同时，建立本地教师教学能力竞赛的品牌项目，对获奖教师在评优评先、职称评聘、绩效奖励等方面给予适当倾斜。

二、江门市教师培训体系建设的历程

教师培训体系建设是一个逐步发展、不断完善的过程。江门市教师培训体系建设的历程大致可以分为三个发展阶段。

（一）萌芽阶段（2013 年以前）

这一阶段，江门市教师培训体系尚未形成完整的体系框架，培训形式较为单一，通常以讲座、研讨会等形式为主，内容也多为理论知识的学习和教学技能的初步训练，但已经开始探索如何更有效地提升教师的专业素养。这一阶段，教师培训体系的特征体现在：

1. 指标性

截至 2011 年 11 月，全市小学教师大专率 91.05%，初中教师本科率 79.28%，高中教师学历达标率为 97.97%，中等职业学校教师学历达标率为 93.74 %，其中“双师型”专业教师占 49.73 %，幼儿园教师大专率为 46.95%。提升中小学教师学历工程作为这一阶段的重点工程，出台《江门市利用网络教育提升中小学教师学历工程的实施意见》，鼓励教师参加学历提升计划，做好基础教育教师学历达标与高（职）中教师攻读研究生学历工程，逐年提高区域教师队伍的学历水平。

2. 探索性

开始探索中小学高素质专业化教师队伍建设的路径，主要举措有：

（1）以名师工程建设为龙头，推动骨干教师精英团队发展，促进教师专业化成长，全面提高师资队伍整体素质。启动基础教育名教师、名校长和学科带头人评选活动，其中 2008 年开展了江门市基础教育首批名教师、名校长和学科带头人评选活动，评出首批名校长 8 人、名教师 16 人、学科带头人 27 名。

2010年组织开展了江门市基础教育系统第二批名教师、名校长和学科带头人评选活动。

（2）以促进和发展农村教育为重点，出台《关于促进我市中小学教师队伍均衡配置的若干意见》，开展以培训农村教师为主的教师继续教育工程，启动城乡教育结队帮扶工作，组建100所城市学校和100所农村学校结队帮扶。

（3）加大教育技术培训。截至2009年，全市27530名中小学教师完成了教育技术初级培训，占专任教师的79%；教育技术中级培训达4493人；共有32023名中小学教师完成教育技术初、中级培训，受到省教育厅的表彰。

3. 适应性

基于“国培”“省培”开展区域相关项目培训，举办市级名师、骨干教师高端研修，校长和管理干部培训，幼儿园教师任职培训等。

（二）初创阶段（2013—2021年）

随着教育改革的不断深入和教师培训的快速发展，教育部门开始注重教师培训的系统性和针对性，江门市逐步建立起了一套相对完整的培训体系。

1. 规范性

在前期探索中小学高素质专业化教师队伍建设的路径基础上，寻求适应新形势下区域教师培训体系的建设，《印发〈关于促进义务教育教师队伍均衡发展的实施意见〉的通知》（江教发字〔2014〕28号）促进区域教育教师队伍均衡发展。印发《江门市人民政府加强中小学高素质专业化教师队伍建设的实施意见的通知》（江教发字〔2013〕12号）规范区域教师培训行为。主要举措有：

（1）建立与完善教师继续教育制度

提出教师业务素质与专业化水平全面提升的培训要求，规范每5年一个周期的教师培训制度，每位教师每5年应接受不少于360学时的培训。实施全员培训，提高广大教师实施新课程教学的能力和水平。强化新任教师岗前培训，规定新任教师岗前培训时间应不少于120学时，以促进新任教师巩固专业思想，掌握教学常规，尽快胜任教育教学工作。实施“农村教师教育教学能力提升工程"，推进"乡村教师支持计划"，开展新课程背景下农村教师专业素质培训，5 年内对全市农村教师轮训一遍。推进"教师信息技术应用能力提升工程"，开展新技术全员培训，提出到 2015 年落实全市中小学教师 100% 取得初级及以上教育技术能力证书，95% 以上取得中级及以上教育技术能力证书。

（2）加强教师培训体系建设

教师培训模式初步形成"院校集中—送培下乡—远程网络—校本研修"相结合的培训架构。开展校本培训与研修的制度化和规范化建设，组织中小学校建立校本研修与培训制度，制订校本培训和研修计划，把校本培训与研修作为促进教师专业成长的主阵地，提出到 2015 年落实 90% 的中小学能够独立有效地开展校本培训与研修活动。

2. 发展性

（1）推进"市名师工程"建设

印发《关于印发江门市基础教育名师工程推进方案的通知》（江教发字〔2014〕11 号）初步建立教育名师工程的组织保障、机制保障、经费保障等推进体系，形成培养激励机制、评价机制、交流机制和引进机制，制定《江门市基础教育名师培养对象和名师管理暂行办法》与《江门市基础教育名师培养基地及其项目管理暂行办法》，切实推进"市名师工程"建设，实施先培养后认定方式，在江门市基础教育系统的中小学在职校长、园长、教师（含教研员、电教员）中选拔培养对象，实施市级"名校长""名教师""名班主任"3 年为一个培养周期，"五邑教育专家"2 年为一个培养周期的培养方式，制定考核程序，并对"江门市基础教育名师工程"重点培养的"五邑教育专家"、市级名校长、名教师、名班主任进行一次期中考核，培养期结束时进行期满考核。

（2）启动"强师工程"

建立和完善学校、县市（区）、地市三级责任联动的培养机制，构建覆盖全员教师队伍的培养体系。加强名师工作室和"百千万人才培养工程"建设，初步建立起省、市、县、校四级"名师"培养体系，形成成熟型人才、后备人才、中青年教师骨干人才等培养类别。

3. 多样性

培训内容不仅涵盖教育理论知识、教学技能，还包括教育心理学、教育政策法规等方面的知识。如组织初中校长任职资格培训、高中阶段学校校长领导能力提升、基础教育系统“青蓝工程”及骨干教师培养涵盖学科组长教研能力整体提升等培训。

4. 灵活性

培训形式逐渐灵活多样，除了传统的讲座、研讨会外，还增加了案例分析、小组讨论、教学观摩等实践性强的培训方式。

5. 参与性

鼓励教师主动参与培训过程，通过案例分析、项目研究等方式，提高培训的互动性和参与度。

6. 整合性

培训体系整合校内外资源，包括高校、研究机构、教育行政部门等，形成合力支持教师发展。

7. 激励性

通过奖励机制、职称评定等方式，激励教师积极参与培训，提升自身素质。

（三）成熟阶段（2022 年以后）

这一阶段，江门市教师培训体系已经具备了较高的专业性和系统性，教师培训体系不仅注重教师的专业素养和教学技能的提升，还关注教师的职业发展规划和个性化需求。培训形式更加灵活多样，包括线上培训、混合式培训等多种形式，以满足不同教师的需求。培训内容也更加丰富和深入，涵盖了教育教学理论、现代教育技术、课程设计、学生管理等多个方面。此外，教师培训体系还加强了与高校、科研机构等的合作与交流，引入了更多的优质培训资源。

1. 系统化

出台《江门市“十四五”中小学教师培训工作实施意见》（江教办〔2022〕30 号）文件，从搭建完善市县校联动的教师培训支撑体系、建立健全分级负责的教师培训管理体系、建立规范分级分层的关键人群梯度培养体系等系统化提出建立健全市、县、校三级校长、教师、教研员队伍协同推进的培养培训新体系。从干训类“5+1”梯队成长体系、师训类“5+2”梯队成长体系与教研类“2+1”梯队成长体系针对性提出实施分层分类、分科分段精准培训，搭建校长、教师、教研人员梯队成长新生态。从顶层设计区域教师专业发展规划，提炼“三类五阶段”模式，打通“新任→胜任→精干→专家→引领”的成长通道，基本形成一个结构完整、层次分明的系统，该系统从教师的入职培训开始，贯穿其整个职业生涯，包括初级、中级和高级阶段的培训，确保教师在不同发展阶段都能得到相应的支持和指导。

2. 个性化

针对不同学科、不同教学经验、不同学习风格的教师设计差异化的培训计划，出台《江门市“新强师工程”实施方案》，聚焦“大先生”的培养目标，定制个性化的培训内容和路径，搭建高层次人才成长平台，为培养大批基础教育高层次领军人才提供支撑，同时满足不同教师的专业发展需求，全面促进信息技术与教育教学融合创新发展。重点加强“专递课堂”“名师课堂”“名校网络课堂”三个课堂建设及“粤教同一堂课”应用建设，推动优质教育教学资源共建共享。积极组织开展中小学青年教师教学能力大赛、中小学班主任专业能力大赛、“五邑名师大讲堂”、“省百学员巡回讲学”等活动，为青年教师展示教育教学风采提供学习交流平台。

3. 实践导向

结合教学实践，强调理论与实践的结合，出台《推进区域数字化赋能劳动教育共同体的实施意见》，从建立区域“数字化赋能劳动教育共同体”，探索多学科融合育人、综合实践育人等新的育人模式，通过案例分析、教学观摩、教学实验等方式，使教师能够在实际教学中应用新知识、新技能，提升区域数字化赋能劳动教育共同体的实施效果。

4. 持续发展

终身学习之本在于自主学习、在于校本研修，出台《江门市中小学教师校本研修示范学校工作指南》支撑教师持续更新知识、提升技能。通过“一校一案”“一科一策”“一师一题”的校本研修策略及帮扶机制，使校本研修具有针对性和灵活性，能够随着教育政策、教学方法和技术的发展而不断更新，全面提高中小学及幼儿园校本研修质量。

5. 评价与反馈

建立科学的评价体系，对教师的培训效果进行定期评估，确保培训质量。主要措施包括：

第一，完善以师带徒工作室管理体系的建设，出台《江门市中小学名教师、名校（园）长、名班主任工作室的管理办法》，规范工作室组建、工作室职责任务、工作室管理、保障措施及考核评价等操作办法，确保对工作室培训效果进行精准评估。

第二，建立以加强教师队伍建设为主要考核评价目标的考核评价实施办法，出台《江门市推动基础教育高质量发展考核评价实施办法》，建立三级指标 11 个观测点的考核评价指标体系，并以本考核评价结果作为县级政府及其有关部门领导班子和领导干部考核、奖惩的重要依据。

第三，完善中小学教师培训项目管理办法，出台《江门市中小学教师培训项目管理办法》，从培训项目的统筹管理、申报审批、经费管理、组织实施、考核评估等五个层面规范全市教师培训工作健康发展，同时，通过反馈机制，收集教师的意见和建议，不断优化培训内容和方法。

6. 资源整合

进一步整合校内外资源，出台《江门市基础教育高质量发展结对帮扶实施方案》，实施跨县区交流、组建跨区域教育集团、教研员下沉精准帮扶、“三名工作室”支教帮扶、“名师讲学团”送教送培系列“协同帮扶”活动。组建 13 个跨区域教育集团，遴选 244 名教师支教，开展“五邑名师大讲堂”“省百学员巡回讲学”“蓬恩教育对话”等系列活动。东西部帮扶工程促进市县共建、共享、共用培训资源，西部教师信息化水平明显提高，乡村教师参加各类活动和获奖人数大幅增加。

7. 政策支持

进一步完善教师培训支撑体系建设，出台《江门市推动基础教育高质量发展实施方案》（江府〔2023〕17 号），落实一般公共预算教育经费“两个只增不减”要求，强化基础教育高质量发展及教师专业发展资金保障。制定基础教育高质量发展及教师专业发展细化实施方案，明确本地目标任务和时间表、路线图，全力推动基础教育高质量发展取得实效。

第四节 江门市教师培训体系建设的保障机制

一、江门市教师培训体系建设的政策保障

（一）明确投入，强化经费

各县（市、区）教育行政部门主动与财政部门沟通落实教师继续教育经费相关政策要求，每年按照“不低于本地教师工资总额 2%”的数额安排教师继续教育经费，中小学校（含幼儿园）统筹公用经费优先保障教师培训，生均公用经费提标部分的 50% 用于教师培训，确保资金来源，使更多老师得到高质量的专业培训。

（二）研制规划，强化设计

为贯彻落实《广东省人民政府关于印发广东省推动基础教育高质量发展行动方案的通知》和《广东省人民政府关于印发广东省教育发展“十四五”规划的通知》等文件精神，加强市、县、校三位一体教师培训体系建设，促进各地教师培训工作的开展，提升教师培训质量，江门市研究制定了《江门教育发展“十四五”规划》《江门市推动基础教育高质量发展行动方案》。

（三）出台政策，加强支持

江门市教育行政部门高度重视教师队伍建设，相继出台了一系列针对中小学教师培训的政策，如 2018 年江门市教育局发布了《江门市中小学教师专业发展五年规划》，明确了教师培训的总体目标、重点内容和实施路径。该规划强调了教师终身学习的理念，提出了建立教师专业发展支持体系的具体措施。随后，市教育局又陆续推出了《江门市中小学教师信息技术应用能力提升工程 2.0 实施方案》《江门市乡村教师支持计划》《江门市“十四五”中小学教师培训工作实施意见》《江门市中小学教师校本研修示范学校工作指南》等专项政策。江门市中小学教师培训政策的具体内容涉及：

1. 培训体系建设

建立“三类五阶段”培养培训体系，打通校长、教师、教研人员成长通道。设立教师专业发展学校，提供相匹配的培训课程和研训项目，以满足教师不同阶段的发展需求。

2. 培训内容设计

制定全面的培训课程，涵盖教学法、课程与教学理论、学科知识更新、教育心理学、教育技术应用等。针对新课程标准和教育改革要求，设计专题培训，帮助教师理解和实施新课程。

3. 信息技术应用

强化教师信息技术应用能力的培训，包括在线教学平台的使用、多媒体教学资源的制作和网络教学方法。推广智慧教育和翻转课堂等现代教学模式，提升教师利用信息技术进行教学的能力。

4. 教师专业发展支持

建立教师专业发展档案，记录教师的培训历程和专业成长。提供教师职业发展规划指导，鼓励教师制订个人发展计划，并提供相应的支持和资源。

5. 校本研修和同伴互助

建立中小学教师校本研修示范学校，鼓励学校开展校本研修活动，支持教师在校内外开展教学研究和实践探索。建立教师学习社群，促进教师之间的经验分享和相互学习。

6. 评价和激励机制

建立教师培训效果评价体系，通过考核、教学观摩、学生反馈等方式评估培训效果。设立教师培训成果奖励机制，对在培训中表现突出的教师给予表彰和奖励。

7. 乡村教师特别支持

针对乡村教师的特殊需求，制定专门的培训计划和支持政策。提供乡村教师定向培训和交流机会，提升乡村教育质量。

政策保障为江门市中小学教师提供了持续的专业发展机会，为提高教育质量，推动教育创新奠定了坚实基础。

二、江门市教师培训体系建设的管理保障

（一）加强领导，明确责任

各县（市、区）教育行政部门将中小学校（园）长、教师、研训人员培训纳入当地教育发展整体规划，统筹安排，优先保障。各教师发展中心做好工作人员配备，指定专人负责教师培训工作。中小学校加大校本研修力度，提升校本研修专业度，开展教师个性化研修。教师参加培训作为年度考核、职称评审、定期注册的重要条件，促进教师培训工作的落实。

（二）加强统筹，分级负责

强化市级统筹，建立教师培训市级统筹管理机制，保质保量完成教师培训目标。实行培训项目统筹，市级统筹培训项目设计、课程设置、培训师资，县（市、区）具体执行；统一培训平台，所有项目在市中小学教师管理平台发布，学员须登录平台报名参加培训。

（三）设立机构，明确职责

设立教师发展中心强化教师培训管理。主要职责包括以下几方面：

1. 开展在职教师、校（园）长培训

组织开展区域内中小学、幼儿园骨干教师、校（园）长培训和培训者培训工作；统筹组织市直属学校中小学教师全员培训，指导所辖县（市、区）中小学教师全员培训。

2. 开展教师专业发展研究及成果推广

结合基础教育改革开展教师专业发展研究，积极推广应用国家、省市基础教育改革成果和教师专业发展成果，以教科研成果引领教师培训，提升教师培训的专业化水平。

3. 促进教师、校（园）长专业发展

协助制定本区域中小学教师、校（园）长专业发展规划，研究提出促进教师专业发展指导意见。协助开展本区域教师培训质量监测与评估工作。协助承

担本区域名教师、名校（园）长工作室、教师专业发展学校建设的协调指导工作，为本区域教师、校（园）长专业发展提供服务。

4. 开展学校现代教育装备建设与应用

推进区域内教育信息化平台建设；落实有关学校现代教育装备和实验室、功能室、图书馆的装备标准，协助学校订购教学设备及实验仪器；负责组织开展实验教学、实验室建设与管理的业务指导和工作检查。

5. 开展教师教育技术应用与研究

组织和指导全市各级各类学校开展现代教育技术应用与研究；统筹组织开展教师网络研修，充分利用各种教育资源开展教师自主学习，促进自我发展；引导中小学教师应用现代信息技术与学科教学融合发展。负责全市中小学教育技术人员业务培训和指导。

6. 提供教育决策服务

做好区域内教师队伍建设与发展的调研及研究工作，为教育行政部门决策提供咨询服务。

7. 积极完成上级交办的工作任务

协助市教育局进行中小学教师资格考试、注册、认定等工作。

（四）建立制度，规范管理

江门市为了提升教育质量和教师专业水平，建立了一套全面的中小学教师培训管理制度。该制度以《江门市中小学教师培训管理办法》为基础，明确了教师培训的目标、内容、方式和评价标准。制度规定，所有在职中小学教师必须定期参加由教育局认可的培训项目，以保持其教学资格和提升教学能力。

中小学教师培训管理制度的建立和实施，对于提升教师的专业素质和教学质量起到了关键作用。首先，该制度确保了教师能够系统地更新和扩充自己的专业知识，从而更好地适应教育改革和课程发展的需要。其次，通过定期的培训，激励教师去探索新的教学方法和技术，有助于提高学生的学习兴趣和学习效果。此外，该制度还促进了教师之间的交流与合作，通过共享最佳教学实践，教师能够相互学习和成长。江门市中小学教师培训管理制度的主要机制包括教师培训的规划、实施、监督和评价。教育行政部门负责制定培训规划，确定培训的主题和内容，并选择合适的专家进行授课。学校则负责组织教师参加培训，并提供必要的支持。教师个人需要根据自己的需要和发展目标，选择合适的培训项目。

（五）条块结合，梯级管理

建立健全市、县、校三级责任分担，上下联动的教师培养机制，形成教师自愿参与，学校自觉培养，县区主动组织实施，市负责宏观指导和实施高端培训的培养体系。

各中小学校建立健全校本培训。县区负责制定本级教师近、中、远期培养目标，积极开展本级培养，为本级培养对象创造进修条件和渠道，并从本级中评选重点培养对象，向市级推荐参加高端培训。市级在加强对各县（市、区）教师培训工作的宏观指导和评估管理的同时，还负责市级示范性教师培训。

三、江门市教师培训体系建设的机制保障

（一）加强监控，确保实效

加强培训管理，完善培训需求调研、项目立项、实施监管、绩效评估机制。加强经费使用监管，制定培训经费使用制度，确保专款专用。建立教师培训工作定期通报制度，确保每位教师每年接受培训累计不少于 90 学时。

（二）健全评价，持续改进

建立全过程跟踪考核的质量监测评价机制，主要措施有：

第一，对培训对象实行目标管理，做到培养有计划、年度有考核、结果有备案。

第二，定期组织专家对培训对象的工作与成长情况进行审查与评估，及时督促或淘汰不符合标准的培训对象。

第三，定期对各培训机构进行评价，及时修正发现的问题，淘汰不符合要求的项目和机构，使培养效益最大化。

第四，积极鼓励和表彰优秀培训对象和指导专家。

江门市的评价制度采用了一个综合性的评价体系，不仅关注教师的培训参与度和短期成效，还包括对其长期教学实践和专业成长的评估。这种全面的视角有助于更准确地衡量培训的真正价值。江门市的评价制度包含了一个持续改进的机制，通过定期收集反馈和数据分析，不断调整和优化培训内容和方法。这种动态调整能力使得培训更加贴合教师的实际需求和教育发展趋势。

（三）强化激励，提升效果

建立健全激励机制的主要举措有：

第一，进行科研奖励，每年从教师继续教育专项资金中对市名师工作室给予一定科研补助，有条件的县（市、区）通过承担项目开发与研究获得经费支持。

第二，提供优质发展平台，结合江门市教育现代化建设实际，为各类培训对象设立“专项课题”，支持论文发表和专著出版，开设高级论坛和研讨会，提供到市外省外以及境外进修的条件和更多更好的挂职锻炼、评优评先机会。

第三，完善竞争环境，建立健全市、县、校三级培养、逐级推荐、优胜劣汰、机会均等的培训竞争机制，坚持基本条件与实绩考核相结合，民主推荐与公开选拔相结合，专家评议与组织考察相结合，让教师在教育教学实践中成长。

第五章

江门市高质量师训实践案例

高质量教师培训是高质量教师培训体系建设的核心和基石。专任教师是江门市教师培训的主要服务对象。专任教师培训简称“师训”。本章主要介绍若干师训类高质量教师培训案例，通过“江门市青年教师培养项目”等典型案例，呈现江门市实施高质量教师培训的实践经验。

第一节　江门市青年教师培养项目

青年教师培训是江门市高质量教师培训体系的重要组成部分。青年教师培训是针对中小学校新入职或处于职业生涯早期阶段的教师所设计的专业发展培训活动。青年教师培训可以帮助青年教师快速适应教育环境，提升教学技能，增强职业素养，促进个人职业成长。

一、项目背景

按照教师的专业发展过程，可以把其职业生涯分为新手—熟手—专家三大阶段。① 新手教师是指初入职的教师，熟手教师是指能按教学常规熟练地处理教学问题但教学创新水平还不够高的教师，新手教师经过 3~5 年的教学实践，绝大多数可以顺利进入熟手教师阶段。熟手阶段是容易产生分化的阶段，也是每位教师专业发展历程中的关键阶段。这一阶段积累了一定的教学实践知识，但也进入了职业倦怠的第一个高峰期，需赶在职业倦怠的第一个高峰期出现之前就对其进行重点培养，再经过 5 年左右的培养过程，使其渡过第一个倦怠高峰期，成为能发挥带头作用的青年骨干教师。②

青年教师是教师队伍的重要力量，青年教师队伍的成长关系着基础教育发展的未来。根据《江门市基础教育名师工程推进方案》的精神，以及今后我市建设现代化师资队伍的需要，在总结过去教师队伍建设工作的基础上，制定了《江门市中小学青年教师（中青年干部）成长计划》，从师德修养、教育理念、教学能力、教育科研能力等方面，加强青年教师培养，促使我市中小学青年教师和中青年干部快速健康成长，为建设现代化高素质专业化教师队伍积蓄后备人才。

---

① 余文森、连榕:《教师教育课程系列教材：教师专业发展》，福建教育出版社，2007，第 179 页。

② 宫学平:《中学教师职业倦怠的现状调查》,《江西教育科研》2007 年第 6 期。

二、培训方案

（一）指导思想与理念

本培训遵循教师专业发展和人才成长规律，以全面提高青年教师综合素质为核心，坚持重点培养，注重发展潜力，重视培养提高，努力打造一支师德修养高、教育理念新、教学能力强、教育科研能力优、经受起实践磨练的青年教师队伍，为进一步加快中小学高素质专业化教师队伍建设注入新活力，积蓄后备人才和智力保障。

我国学者陈向明把教师知识分成理论性知识与实践性知识两大类。她认为，“教师的实践性知识是教师真正信奉的，并在其教育教学实践中实际使用和（或）表现出来的对教育教学的认识”，并且认为，对教师“会教书”来说，“实践性知识比理论性知识更重要”；“这些知识既来自教师个人经验的积累、领悟（直接经验），同行之间的交流、合作（间接经验），也来自对‘理论性知识’的理解、运用和扩展”。[①]

所以，项目设计时引导青年教师重点针对教学实践中遇到的问题，进行专业发展性的行动学习，集学习有关知识、分享他人经验、创造性地研究解决问题和教学实际行动于一体，围绕研究课题开展行动学习的活动思路，增强自我反思、同伴互助和专业引领的实际效能。

（二）课程模块与内容

为培养新一批青年名师后备人才，组织60名中小学青年教师开展为期两年的线上线下研修活动，以课题研究为基点，培养中青年教师的课堂教学、教研组织及课题研究等方面的核心能力。第一年研修重点以自我提升为主线，突出教研课题研究能力的提高；第二年研修重点以同伴互助交流共同提升为主线，重点组织青年教师相互交流展示各自的教育、教学、教研成果和经验。

1. 研修设计思路

（1）设计并实施自我发展计划

①选择自己实践中的困难作为研究的攻关课题；

---

① 陈向明：《实践性知识：教师专业发展的知识基础》，《北京大学教育评论》2003年第1期。

②实验设计与实践推进；

③教学反思与改进提升。

（2）实践并提炼个人教学风格

①通过“三备两磨两提升”的模式，每个人完成自己的精品示范课；

②通过精品示范课的过程，小组协助提炼出每个人的教学风格。

（3）锤炼并辐射个人教学风格

①在学区内进行示范课展示，针对示范课的研讨，进一步完善自己的课堂教学；

②总结自己的教学风格，并提出该风格的教学理念。

本项目将助力参训学员深刻领悟并主动建构自己的学科教学特点，使之形成个性教学风格；通过提炼风格提升自我，成为“强师”；通过风格引领他人，体现青年优秀教师的示范作用。

2. 课程安排

第一年研修重点以自我提升内容为主线，突出教研课题研究能力的提高，按照三大类课程五个阶段推进实施。

第一年三大类课程如表 5–1 所示。

表 5–1　第一年三大类课程

研修主题	设置课程	考核要求
理念与师德	国内外教育教学理论、师德案例故事、教师职业生涯规划	完成课题研究中期任务，公开发表 1 篇省级期刊论文
知识与技能	学生心理指导、学科重难点的问题分析与教学策略	
教育科研	课题研究的方案设计与操作方法	

第一年五个阶段研修安排如表 5–2 所示。

表 5–2　五个阶段研修安排

阶段	核心任务	集中面授时间（天）	跟进研修时间（月）
阶段一	理解研修方案，制订个人研修计划	2	2
阶段二	提升信息技术环境下学科教学能力，制作教学课例	2	2
阶段三	设计课题研究，撰写研究方案	2	2
阶段四	实施课题研究，撰写中期报告，发表论文	2	2
阶段五	课题研究实践，总结第一年研修	2	2

第一年集中面授课程安排如表 5-3 所示。

表 5-3　第一年集中面授课程安排

<table>
<tr><td colspan="5">第一期：集中培训 2 天</td></tr>
<tr><td colspan="2">日期</td><td>时间</td><td colspan="2">专题</td></tr>
<tr><td colspan="2" rowspan="3">第一天</td><td>上午</td><td colspan="2">方案解读</td></tr>
<tr><td rowspan="2">下午</td><td colspan="2">名师成长之路</td></tr>
<tr><td colspan="2">破冰之旅</td></tr>
<tr><td colspan="2" rowspan="3">第二天</td><td>上午</td><td colspan="2">教师职业生涯规划</td></tr>
<tr><td rowspan="2">下午</td><td colspan="2">教学风格的形成</td></tr>
<tr><td colspan="2">研修平台演练</td></tr>
<tr><td colspan="5">第二期：集中培训 2 天</td></tr>
<tr><td colspan="2">日期</td><td>时间</td><td colspan="2">专题</td></tr>
<tr><td colspan="2" rowspan="2">第一天</td><td>上午</td><td colspan="2">青年教师科研素养提升策略</td></tr>
<tr><td>下午</td><td colspan="2">教育科研与论文例谈</td></tr>
<tr><td colspan="2" rowspan="2">第二天</td><td>上午</td><td colspan="2">课题实施过程监控的一般过程与方法</td></tr>
<tr><td>下午</td><td colspan="2">文献管理及数据分析的工具与方法</td></tr>
<tr><td colspan="5">第三期：集中培训 2 天</td></tr>
<tr><td colspan="2">日期</td><td>时间</td><td colspan="2">专题</td></tr>
<tr><td colspan="2" rowspan="2">第一天</td><td>上午</td><td colspan="2">课题申报书如何撰写</td></tr>
<tr><td>下午</td><td colspan="2">课题深入研讨之世界咖啡模式</td></tr>
<tr><td colspan="2" rowspan="2">第二天</td><td>上午</td><td colspan="2">信息技术环境下如何提升教师学科教学能力</td></tr>
<tr><td>下午</td><td colspan="2">思维导图与学科教学有效整合</td></tr>
<tr><td colspan="5">第四期：交流考察 2 天</td></tr>
<tr><td>日期</td><td>时间</td><td colspan="2">内容</td><td>备注</td></tr>
<tr><td rowspan="4">第一天</td><td rowspan="3">上午</td><td colspan="2">信息技术与学科融合示范课堂观摩</td><td rowspan="4">小学语数英、初中语数英各一节</td></tr>
<tr><td colspan="2">分组评课议课</td></tr>
<tr><td colspan="2">信息技术与学科融合经验介绍</td></tr>
<tr><td>下午</td><td colspan="2">名师分享教育科研课题经验</td></tr>
<tr><td rowspan="3">第二天</td><td rowspan="2">上午</td><td colspan="2">分学科开展同课异构</td><td rowspan="2">小学语数英、初中语数英各小组前期集体备课，各挑选出一位老师与跟岗学校老师进行同课异构</td></tr>
<tr><td colspan="2">分组评课议课及教研经验分享</td></tr>
<tr><td>下午</td><td colspan="2">名师面对面交流：名优骨干队伍培养机制</td><td>跟岗学校名师与江门青年教师进行交流</td></tr>
</table>

第一年远程研修课程安排如表 5–4 所示。

表 5–4　第一年远程研修课程安排

阶段	模块	课程主题
阶段一	专业成长	骨干教师的学科素养
		骨干教师的人文素养
		骨干教师的反思特质与研究视角
	师德师风	《中小学教师职业道德规范》解读
		师德故事连播系列
	心理健康	如何根据学生认知、个性特点进行学习指导、交往指导和心理健康教育
		个别心理辅导方法与技术
		毕业班备考及学生心理指导
		校园危机事件处置与心理干预
阶段二	课堂教学	初中英语：“词汇教学”重难点的解决策略
		初中英语：“对话交流”重难点教学解决策略
		初中英语：“阅读教学与发散性思维培养”的解决策略
		小学英语：“学生语用意识和语音能力的培养”教学解决策略
		小学英语：“拼读单词”重难点教学解决策略
		小学英语：“高年级学生口语表达”的重难点教学解决策略
		初中语文：“品读苏轼笔下的月”重难点教学解决策略
		初中语文：“微写作中明确目的对象，进行简明得体表达”重难点教学解决策略
		初中语文：“游记类作品”的教学解决策略
		小学语文：“感受、理解生命开花结果传递的情感”重难点教学解决策略
		小学语文：“有理有据、有条有理地评价人物形象”重难点教学解决策略
		小学语文：“写景类文章”的教学解决策略
		初中数学：“平行线的性质”重难点教学解决策略
		初中数学：“全等三角形的性质与判定的综合运用”重难点教学解决策略
		初中数学：“数学课程核心概念”的教学解决策略
		小学数学：观察与思考重难点的教学解决策略
		小学数学：数学运算重难点的教学解决策略
		小学数学：“基于概念建构，培养空间观念”的教学解决策略

续表

阶段	模块	课程主题
阶段三	教育科研	如何确定教研课题和论文题目
		如何制定课题研究方案
		课题研究的基本步骤
		开展课题研究：学生该做什么
阶段四		开展课题研究：教师该做什么
		中小学教师科研成果的主要表达形式
		中小学教师科研应用文的写作

第二年研修重点以同伴互助交流共同提升为主线，组织青年教师交流展示教育、教学、教研成果和经验，打造优质教学课例。

第二年三大类课程如表 5–5 所示。

表 5–5 第二年三大类课程

研修主题	设置课程	考核要求
课堂教学分析	1. 听课评课指导 2. 课题研究指导	主持完成 1 项市级以上教学研究课题并结题，开展 2 次县级以上公开课、示范课（公开课、示范课形成流程：个人提交教学设计—小组研讨—上课—导师点评—提交进一步改进的教学设计—小组研讨—二次上课—点评—改进形成示范课资源） “三备两磨两提升”
教学实践能力	1. 基于学生经验的课堂教学设计 2. 学科思维的教学过程 3. 激励性的教学评价特点 4. 走进学生，检视自己教学的改进措施	
资源整理	1. 资源的生成管理 2. 资源的筛选 3. 资源作用的发挥	

第二年集中面授课程安排如表 5–6 所示。

表 5–6 第二年集中面授课程安排

第五期：集中培训 3 天		
第一天	上午	第一年研修总结，第二年研修计划
		教师的情绪管理
	下午	学生心理辅导
第二天	上午	教研活动组织模式的创新
	下午	双主合一的“六步法”+ 互联网课堂改革理论与实践

续表

第三天	上午	骨干教师如何上好公开课	
	下午	遇见更好的自己：课例研修与教师专业成长	
第六期：岗位研修（小组互访，每个小组一天）			
日期	地点	活动安排	具体主题
互访前	研修平台	教学设计研磨	打磨两个课例教学设计
互访期间	学员学校	听评课	课例 1 展示 课例 2 展示 评课聚焦：小组合作学习的有效性
		主题分享	主题 1：课堂教学案例分享
			主题 2：教研活动的创新
			主题 3：文献查找小技巧
互访后		材料提交	提炼学习成果
第七期：结业汇报			
日期	时间	专题	形式
第一天	上午	成果展示 1. 团队活动 2. 学员专题微分享（课堂、教研等方面均可）	学员主讲
	下午	成果展示 1. 学员专业成长经验分享 2. 专家点评	学员主讲 专家点评
	下午	成果展示 1. 学员课题经验分享及互评 2. 专家点评	学员主讲 专家点评
第二天	上午	结业仪式 1. 项目回顾总结 2. 小组研修汇报 + 才艺展示（小组全员的研修总成果，包括课题、论文、课例等） 3. 班长总结两年培训历程 4. 领导总结讲话 5. 证书颁发	展示交流
VCR：可以感言、祝福或展望等（课间播放）			

第二年远程研修课程安排如表 5–7 所示。

表 5–7 第二年远程研修课程安排

阶段	模块	课程主题
阶段一	课堂观察	小学语文课堂观察再指导
		小学英语课堂观察再指导
		小学数学课堂观察再指导
		初中数学课堂观察再指导
		初中英语课堂观察再指导
		初中语文课堂观察再指导
阶段二	校本研修	校本教研与课例研究
		校本研修中的集体备课
		信息技术支持的校本研修活动
		校本研修制度建设与校本研修活动创新
		教研组建设与教研活动策划
		如何开发校本课程
		Moodle 环境下的课程设计与开发

（三）培训形式

为提升培训效果，根据教师培训需求分析，本项目实施周期为 2 年，每年分阶段安排 10 天的集中面授，整个研修过程贯穿线下实践研修和线上远程研修。每年共计 120 学时，其中集中面授 60 学时、线上线下研修 60 学时。

1. 建立工作坊

建立青年教师研修工作坊，由培训管理员、名师工作室主持人和优秀学员组成三人行的“坊主”（即指导教师），负责本坊学员的面授组织、线上研修和线下研修。

线上远程研修以工作坊为平台，学员之间进行探讨、交流。

2. 集中研修

开展专家授课、经验分享、问题解析、现场观摩等研修环节。指导教师对本坊学员的出勤、作业、实践活动等进行组织与管理，完成面授的目标效果要求。

3. 网络研修

开展课程研习、专题研讨、经验分享、专家答疑等研修环节。工作坊根据面授课程和线上课程研修的效果要求，进行课程内容实践管理，提出实践中的问题与困惑进行坊内研讨，将研讨存在的疑惑提交到线上请专家答疑。指导教师要对本坊学员线上研修进行管理、指导、评价，确保线上研修效果。

4. 校本研修

线下实践研修以所在学校教研组为土壤，采取基地专题学习、市内跟岗学习、省内教育交流考察、返岗实践形式进行，学员在研修过程中通过线下活动，要带动所在校的教师共同提高。

三、实施过程

本项目包括 20 天集中面授、120 学时网络研修，生成成果有市级课题 57 个、公开发表论文 55 篇、各级公开课 77 节、主题分享 61 场。

（一）实施思路

1. 总结经验，明确发展

通过名师引领、理论提升、进校观摩，学习国内外教育教学理论、名师教育教学经验等，聚焦教师专业理念素养，使学员明确专业发展目标，自主设计职业生涯规划，完成个人课题研究方案。

2. 践行设计，探索风格

在导师指导下，通过课题开题报告会，聚焦课题研究思路，学员启动实施课题研究计划；通过教研实践、交流学习、论坛研讨，学员探索自身教学风格。学员能够完成课题研究中期任务，公开发表 1 篇论文。

3. 经验辐射，风格完善

通过理论学习、自主研修、在岗实践，在示范过程中进一步总结、提炼、完善自己的教育理念和教学方法，能够开展两次县级以上公开课、示范课。

4. 研修总结，凝集思想

通过设计并实施自我发展计划，实践并提炼个人教学风格，锤炼并辐射个人教学风格等，学员逐步生成教学风格，提炼个性教学思想，能够主持完成1项市级以上教学研究课题。

5. 建立机制，常态推进

通过两年的研修项目实施，聚焦常态化研修机制的建立，为江门市建立培养教师的管理机制和研修机制；通过网络研修社区常态运营，网络资源优化共享，汇聚一批资源，建设本地青年培养的生成性课程、案例、研究成果资源库。

（二）实施步骤

1. 专家讲座，赋能青年成长

第一期集中面授以教师职业生涯规划为主题，吴老师的“名师成长之路”、谢老师的“教学风格的形成”以及章老师的“教师职业生涯规划”，帮助学员树立正确的理想信念，规划职业生涯，探索形成有个人特色的教学风格。

第二期集中面授以如何开展课题研究为主线，刘老师讲授了“课题实施过程监控的一般过程与方法”；喻老师给学员们详细讲解了“文献管理及数据分析的工具与方法”；叶老师在“青年教师科研素养提升策略”一课中指出要通过科研促使教育教学专业素养提高；周老师通过“教育科研与论文例谈”这节课指出扎实的课题研究必定促使实验教师不断阅读、反思、改进、调整、写作、困惑、实践，进而很自然地加速自己的专业发展，从而使基础教育的发展越发优质，使学校发展从规范向现代化前进，最终向特色化转变。

第三期集中面授以课题研讨及信息技术课堂建设为主，陈老师主讲的“课题深入研讨之世界咖啡模式”，详细阐述了如何全面完善课题，并就学员课题选题进行一对一指导；李老师主讲的“信息技术环境下如何提升教师学科教学能力”则深入地介绍了信息技术在教育教学中的应用；张老师的“思维导图与学科教学有效整合”专题讲座，就思维导图的概念、结构、功能、运用规律、操作程序进行详细讲解，让学员们对思维导图这一概念有了一个全新的认识。

第五期集中面授主题是教师综合素质提升，刘老师通过风趣幽默的语言，教导学员在生活和工作中该如何去干预心理危机、如何去管理自己的情绪；李老师以“教研活动组织模式的创新”为题，分享了教师如何有质又有效地开展校本研修，深入分析如何找准研修的方向、目标、方式方法、常见问题等，使学员们受益匪浅；魏校长给学员们分享了她的课题研究成果——“六步教学法”，分别是定向、自学、讨论、答题、自测、日结；詹老师带来了轻松愉快的“小学语文公开课例谈——骨干教师如何设计公开课”，她就如何上好一节公开课，向学员们仔细讲解了公开课的概念、性质、类型、特点、意义及上好公开课要做的准备、存在的若干问题等，让老师们在轻松愉快的氛围中体验了一节好课的要义；陈校长带来的“重新遇见更好的自己——做‘十九大’德才兼备的优秀教师”，分享了“二元五次常态课”课例研修及课程再造、常态化、系列化的经验做法。

2. 实地交流，共享经验促成长

第四期以交流考察的方式进行。主要就信息技术与学科融合进行了深入的课堂交流，通过导师“1 对 1”带教带研，学员“1+1”抱团成长方式进行。江门市学员深入中山市、深圳市优质学校，与当地名师分学科、分学段开展同课异构、课堂观摩、评课议课及教研经验分享等活动，采他山之石以攻玉，纳百家之长以厚己。

3. 组内交流，成果共研共享

第六期是岗位研修，采取小组互访形式进行，要求每个学员在互访前制订一份有特色的学习计划，组内进行教学设计打磨，听、评课及主题微分享等活动。共生成 11 节区域公开课、37 场微分享。

4. 训后跟踪，资源赋能提升

每期集中面授后，根据培训主题配备相应的网络课程资源，学员可以借助网络平台开展课程研习、专题研讨、经验分享、专家答疑等研修活动。工作坊就学员在实践中遇到的问题与困惑，组织开展坊内研讨、答疑、点评等活动，形成理论—实践—反思—提升循环，有效提升教学技能，增强职业素养，促进青年教师个人职业成长。

四、培训效果

（一）培训产出成果丰富

专业提升方面：生成成果有市级课题 57 个、公开发表论文 55 篇、各级公开课 77 节、主题分享 61 场。

示范辐射方面：以课题为支点，辐射 360 名课题组成员；以课例为支点，辐射 60 个学科组；以论文为支点，面向全国发挥影响力。

（二）学员学习体验良好

基于“学员满意度调查”的分析发现，在“项目的整体满意度、对本次培训教务管理工作的满意程度”等指标方面满意（含非常满意）均达 100%，对每门课程的满意程度（含非常满意）达 95% 以上。学员们普遍反映本次培训内容丰富而充实，具有针对性，授课专家整体水平较高，实地交流内容丰富实用，时间安排合理，有很大收获。

初中英语参训学员表示：通过“同课异构”的方式，实现教师的课堂教学水平、课堂教学智慧的高度碰撞，让每位老师都获益良多。尤其是吴老师的英语课，活跃的英语课堂气氛、多种多样的课堂活动设计、Boxfish 的高度融合，让学生都能得到听、说、读、写的训练。

初中语文参训学员表示：尹老师关于名著阅读的讲座“幸福的种子——开启经典悦读之旅”讲座，又一次让我经历了思想的洗礼，发现了名著导读教学的新天地。走近名师，我真切体会到何谓“腹有诗书气自华”，充分领略到阅读的魅力。苏联教育家苏霍姆林斯基曾说：“我的教育信念的真理之一，便是无比相信书的教育力量。”一本好书就相当于一位优秀的教导者，给孩子带来光明与力量！阅读，能使再平淡的生活也变得意趣丰盈；再浮躁的内心也将重新变得宁静。

初中数学参训学员表示：黄老师跟我们分享了“谈小组合作型学习与专题课对课堂教学的优势”，并指出集体备课时，要注意创造一个舒适的工作环境，要有分享精神，善做嫁衣；个人备课时要注意备教材、备学生、备教法、写教案、写教师。最后，黄老师给我们青年教师几点建议和希望：在备课上要有创意，在课件制作上要有特长，在命题上要有创新，在课改前沿要跟得上，在教研上要有成果。让我们收获满满！

第二节　江门市乡村骨干教师培训

乡村骨干教师是江门市骨干教师队伍的重要组成部分。乡村骨干教师培训是针对乡村地区骨干教师开展的培训，乡村骨干教师培训属于提高性培训，其核心目标是提高乡村骨干教师的实践操作能力及传帮带辐射力，进一步提高乡村骨干教师教育教学技能、科研能力，掌握课题研究的方法并组织课题研究，以发挥骨干教师的引领作用，带动乡村教育振兴，对江门市乡村教育高质量发展和义务教育优质均衡发展具有重要意义。

一、项目背景

骨干教师是指在教育教学领域师德修养高、业务能力强、教育教学效果好、研究能力强、示范引领作用突出的教师。乡村骨干教师则是工作于乡村地区的骨干教师。乡村学校普遍存在如下短板：

第一，教育资源相对有限，办学条件不足，学校装备配置不完善，信息化配置不完备等问题，导致乡村教师教育技术应用水平受限。

第二，存在办学规模较小、教师体量少、年级班数少、校内相互学习与研究交流机会有限等问题，导致乡村教师业务能力提升慢。

第三，学校与城区距离相对较远，优秀教师任教乡村愿望下降，留住优秀人才不容易，加上校外学习交流比城镇学校相对有限，导致乡村教师接受新理念、新方法的机会相对较少。

因此，提升乡村骨干教师专业素养，带动乡村教师队伍整体发展迫在眉睫。

提升乡村教师队伍整体素养是乡村振兴的关键。面对区域乡村学校存在的问题，江门市在乡村骨干教师培训中重点做好以下几点：

第一，针对乡村学校装备配置不完善问题，强化数字化赋能。加强教师教育应用技术类培训内容的针对性，确保培训内容与乡村教育的实际需求相契合，制定契合乡村教育实际的专业技能培养方式，采用替代技术或策略弥补装备不足的局限，特别加强乡村骨干教师信息技术应用能力的培养。

第二，针对乡村教师校内研究交流机会有限问题，强化实战能力培养。加强教育教学实践类培训内容的针对性，强化“个人素养、专业知识、专业实践”板块应用操作性的培训，提高乡村骨干教师实践应用迁移力。

第三，针对乡村教师校外学习交流不足，接受新理念、新方法相对较少问题，强化研究能力培养。组织跟岗研修，采用参与式培训、案例学习、问题诊断、交流分享等方式帮助乡村骨干教师更新教育理念，从而提高乡村骨干教师的实践操作能力及传帮带辐射力。

二、培训方案

（一）指导思想与理念

基于江门市中小学乡村教师的培训需求和职业发展规律，本项目以“以需为本、专业引领、融合创新、重在实践”为指导思想，以“先进性、科学性与实用性”为培训理念，围绕实施素质教育和基础教育课程改革要求，突出实践教学和综合素养提升，着力提高乡村教师的学科教学能力和专业化水平。

（二）培训目标

1. 总体目标

第一，更新教师专业的教育教学理念，加大教师师德教育的力度，帮助参训学员形成正确的教育价值观和师德观。

第二，加强教育教学技能的培养，更新课堂教学的技能，深化课堂改革的意识。

第三，加强教育科研能力的培养，深刻理解教育教学理念与实践之间的关系，提高自身的专业能力、科研能力，掌握课题研究的模式与方法，发挥骨干教师的带头作用。

2. 具体目标

第一，培训 150 名乡村初中学科骨干教师。

第二，构建线上学科工作坊，线上延伸教师发展，同时结合线下教师面授，提高专业化程度。

第三，提高教师职业的认知度，使之具有新时代教育理想和敬业精神，明确资深专家发展的目标和措施。

第四，撰写完成学科教学设计案例，精选优秀案例集结成册。

第五，更新教师专业的教育教学理念，加大教师师德教育的力度，帮助参训学员形成正确的教育价值观以及师德观。

第六，加强教育教学技能的培养，更新课堂教学技能，深化课堂改革意识。

第七，加强教育科研能力的培养，深刻理解教育教学理念与实践之间的关系，提高自身的专业能力和科研能力，掌握课题研究的模式与方法，发挥骨干教师的带头作用。

（三）课程模块与内容

培训内容围绕个人素养、专业知识、专业技能、专业实践四个模块进行课程设置，采用参与式培训、案例学习、问题诊断、交流分享等方式帮助乡村初中骨干教师更新教育理念，提升师德意识，开拓教育视野，了解教育改革发展的最新前沿方向，了解信息技术发展与教育教学的最新应用，提升教育教学能力。课堂改革能力，提高乡村教师的综合素养。培训内容的四个模块如图5–1所示。

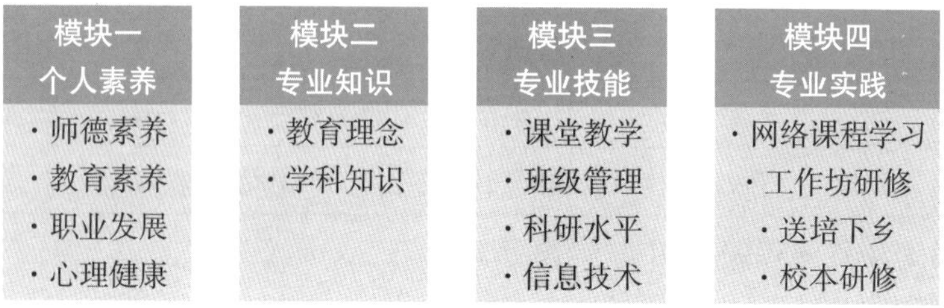

图 5–1　培训内容的四个模块

根据培训计划，分批、分学科、分阶段开展培训教学，培训阶段安排如表5–8所示。

表 5-8　培训阶段安排

阶段	培训主题	培训形式	内容
第一阶段	线上线下实践提升	网络研修	以“专业知识＋专业实践”模块为主，开展网络课程学习活动，学员根据学科自主选学课程，并一边线上学习一边线下自主实践研修
第二阶段	理念技能综合提升	集中面授工作坊研修	围绕“个人素养、专业知识、专业技能”三个模块，通过理论研习、参与式体验、问题诊断、同课异构、特色展示课、导师引领等方式深化学员对教师职业与教育教学的认知，提升教学能力与科研能力
第三阶段	现场追踪走近名师	跟岗研修	围绕“专业实践”模块，带着“问题”和“课题”走进省、市名校，与名师就教育理念、教学改革、课堂改革等话题进行广泛的交流
第四阶段	成果展示结业典礼	交流总结	通过说课展示大赛与论文答辩考核活动（每位参训学员视自身情况二选一），展示培训成果

1. 语文学科课程安排如表 5-9 所示。

表 5-9　语文学科课程安排

日期	时间	模块	培训主题	形式
第一天	上午	团队建设	共同体建设——破冰活动	实操演练
	下午	理念引领	基于核心素养的教学设计	专题讲座
第二天	上午	模式创新	“世界咖啡屋”在语文教学中的运用	专题讲座
	下午	课题指导	适合研究：中小学教师课题研究的应然追求	专题讲座
第三天	上午	信息技术应用	微课案例点评与指导	专家点评 分组指导 专题讲座
	下午		互联网＋时代学科教学与信息技术融合与创新	
第四天	上午	案例展示	同课异构，课例展示	实操演练
	下午	交流总结	基于小组的学习交流总结	总结提升

2. 数学学科课程安排如表 5-10 所示。

表 5-10　数学学科课程安排

日期	时间	模式	培训主题	形式
第一天	上午	团队建设	共同体建设——破冰活动	实操演练
	下午	理念引领	基于核心素养的教学设计	专题讲座

续表

日期	时间	模式	培训主题	形式
第二天	上午	模式创新	植根学情讲策略　活化模式显特色——基于“问题导向”的初中数学课堂模式新思考	专题讲座
	下午	课题指导	教育科研项目设计与实施	专题讲座
第三天	上午	信息技术应用	微课案例点评与指导	专家点评 分组指导 专题讲座
	下午		互联网 + 时代学科教学与信息技术融合与创新	
第四天	上午	案例展示	同课异构，课例展示	实操演练
	下午	交流总结	基于小组的学习交流总结	总结提升

3. 英语学科课程安排如表 5–11 所示。

表 5–11　英语学科课程安排

日期	时间	模式	培训主题	形式
第一天	上午	团队建设	共同体建设——破冰活动	实操演练
	下午	理念引领	基于核心素养的教学设计	专题讲座
第二天	上午	课题指导	基于一线教师的课题研究案例指导	专题讲座
	下午	模式创新	深度学习，培养思维品质	专题讲座
第三天	上午	信息技术应用	微课案例点评与指导	专家点评 分组指导 专题讲座
	下午		互联网 + 时代学科教学与信息技术融合与创新	
第四天	上午	案例展示	同课异构，课例展示	实操演练
	下午	交流总结	基于小组的学习交流总结	总结提升

（四）培训形式

根据《教育部办公厅关于印发乡村教师培训指南的通知》，本项目采取“网络研修 + 集中面授 + 工作坊研修 + 跟岗研修 + 交流总结”的形式开展，分成几个阶段进行，过程具体形式如下：

1. 网络研修

构建线上学习共同体，一是通过网络课程研修活动，一方面为学员提供课程自主选学，一方面做好后续阶段学习需求调研，提升培训针对性；二是通过工作坊研修，带动乡村骨干教师发挥学科带头人作用，持续提升综合能力。

2. 参与式培训

通过“先体验、后理论、再实践”的培训模式，提高学员参与程度，提高培训效果，在训前、训中、训后的各种活动中融合参与式方法并与培训内容紧密结合，充分展示参与式培训方法。

3. 科研驱动

导师引领学员联系实际，将教育教学过程中遇到的问题变成课题 / 论文研究方向，在课题 / 论文研修中解决教育教学的实际问题，不断提高参训学员的教研意识和水平。

4. 案例学习

通过案例引入，激励学员积极参与讨论，引导学员注重知识、注重能力、重视双向交流。案例学习主要是在教育活动的设计与实施模块中展开。

5. 教学设计

学员通过设计课程，提高教学活动的科学性，将教学理念与教学实践想结合，解决教学实践问题，采用“设计—展示—反思—再设计”的方式，提升教师课程设计能力。

6. 教学诊断

针对目前乡村教育存在的问题，开展课堂教学案例实施状态剖析。通过教学分析、互动研讨、教学对话、教学反思等，梳理整合教材教法，拓展情境迁移应用方法，引领学员把准课标，紧扣教材，落实义务教育课程。

7. 现场观摩

通过观摩特色现场教学活动，围绕观摩内容收集有关资料，质疑问难，做好记录，观摩结束进行教学活动研讨，将感性认识升华为理性知识。

三、实施过程

培训过程坚持理论联系实际与学用转化，以“先体验、后理论、再实践”培训行动贯穿始终。围绕基础教育课程改革要求，突出实践教学、综合素养提升，着力提高乡村骨干教师的学科教学能力和专业化水平。在教学安排上，紧扣个人素养、专业知识、专业技能、专业实践四个模块实施培训，将培训分为团队建设—理念引领—模式创新—课题指导—信息技术应用—案例展示—交流总结七大环节，采取“网络研修＋集中面授＋工作坊研修＋跟岗研修＋交流总结”的形式开展，以共同体建设为抓手，以兴趣岛等建设创设合作学习情境，实施参与式学习、研究式学习、案例式学习、诊断式学习，让学员在体验中、在研究中、在实践中掌握基本技能。

（一）共同体建设，提高愿望

通过有趣的游戏让大家相互认识与了解，并快速投入到培训学习中去，提高教师学习愿望及交流沟通能力，激发乡村骨干教师发挥学科带头人作用，提升辐射能力。

（二）理念引领，精细设计

基于核心素养的教学设计，授课专家结合课改理论基础与实践要点，从理论到实践开展教学设计指导。基于“设计—展示—反思—重设计”的方式，从教学目标与学习目标分析、到目标分解成教学任务、到教学活动激趣的情境创设、到教学过程评价方式方法设计、教学反思归纳，传授链状系统化教学设计方法，将教学理念与教学实践相结合，解决教学实际问题。并通过组织学员设计实践，提高教学设计的科学性，提升教师教学设计能力。

（三）科研驱动，课题指导

针对乡村教师校外学习交流不足，接受新理念、新方法相对较少问题，强化研究能力培养。“中小学教师课题研究的应然追求”“教育科研项目设计与实施”与“基于一线教师的课题研究案例指导”系列讲座引导教师提升科研意识，安排导师指导学员从现实的教学过程中找到问题，在研究中解决教育教学的实际问题，将解决实际问题的研究变成课题 / 论文，围绕“发现问题—分析问题—寻找规律”引导教师掌握研究思路、研究方法、技术路线与实施步骤，全面提高参训学员的研究水平与科研方法。

（四）数字赋能，技术应用

针对乡村学校装备配置不完善问题，强化数字化赋能。采取技术提升措施弥补装备缺陷，结合微课案例点评与“互联网+时代学科教学与信息技术融合与创新”讲座引导教师信息技术素养提升，引入“微能力”提高乡村骨干教师信息技术应用能力。

（五）案例展示，模式创新

针对乡村教师校内研究交流机会有限问题，强化实战能力培养。“同课异构，课例展示”“‘世界咖啡屋’在语文教学中的运用”“植根学情讲策略　活化模式显特色——基于问题导向的初中数学课堂模式新思考”系列讲座，组织特色现场教学活动观摩，现场教学案例分享，激励学员积极参与讨论，独立思考。通过教学分析、互动研讨、教学对话、教学反思等流程，剖析不同教学目标定位教学设计的异同，提高课堂观察诊断力。

四、培训效果

（一）学习参与度高，对培训满意度高

本培训项目按计划开展150人培训，实际参训人数150人，100%参加培训并全部完成培训任务。培训调查评价结果：一是培训效果满意度高。针对本次培训内容及培训专家的授课质量，学员整体上对授课专家的课堂评价普遍满意，包括对专家的授课风格、课堂互动性和授课内容等都较为认可，认为培训内容对专业水平和工作实践帮助大。二是学员对整体培训安排满意度高。学员们对建立专项团队，量身定制培训内容，做好参训组织工作，全方位项目服务体系建立等安排满意度达95%以上。

（二）开拓了学员视野，打开了学员思路

本次培训一是加大师德教育力度，帮助参训学员形成正确的教育价值观以及师德观。二是加强教育教学技能的培养，更新课堂教学的技能，深化课堂改革的意识。三是加强教育科研能力的培养，深刻理解教育教学理念与实践之间的关系，提高自身的专业能力、科研能力，掌握课题研究的模式与方法，发挥骨干教师的带头作用。

（三）更新了教学观念，提高了教育实践力

通过培训，一是参训学员认识到自身角色的重要性，对自身的职责更加清晰明确，学员们积极参与、互相探讨、总结分享、交流进步，不断提升自我，学以致用，发挥骨干教师辐射作用，助推乡村教育的发展。二是重视乡村教师实际需要进行设计，落实“以需为本、专业引领、融合创新、重在实践”的培训模式，突出实践教学、参与互动，授课着力提高教师的学科教学能力和专业化水平，有效提高乡村骨干教师教育教学实践力。

第三节　江门市幼儿园骨干教师培训

幼儿园骨干教师培训是江门市骨干教师队伍的重要组成部分。幼儿园骨干教师培训作为针对学前教育开展的培训，对江门市学前教育高质量发展具有重要意义。

一、项目背景

人生百年，立于幼学。学前教育是终身学习的开端，是国民教育体系的重要组成部分，是重要的社会公益事业。办好学前教育、实现幼有所育，是党的十九大作出的重大决策部署，是党和政府为老百姓办实事的重大民生工程。近年来，我国学前教育事业快速发展，资源迅速扩大、普及水平大幅提高、管理制度不断完善，但是由于我国学前教育起步较晚，还存在教师队伍建设滞后，监管体制机制不健全，保教质量有待提高等问题。为切实办好新时代学前教育，更好实现幼有所育，健全教师培训制度，有关部门先后修订出台了《幼儿园园长专业标准》《幼儿园教师专业标准》《3~6 岁儿童学习与发展指南》等规范性文件，对幼儿园教育教学原则与内容、幼儿园教师培训课程、幼儿园园长、教师培训制度等学前教育中亟需解决的问题做出了指导性的意见和规定，为提高幼儿园的办园水平发挥了重要作用。研究制定适应本地区的幼儿园教师培训工作方案，大规模培训幼儿园园长、教师，重点加强幼儿园教师专业精神、专业知识、专业能力的培训，提高教师职业素养，培养热爱幼教、热爱幼儿的职业情怀是促进地方学前教育发展的重要途径之一。

学前教育的特殊性要求幼儿教师在具备一定的儿童心理学、教育学等理论知识的基础上，还应广泛掌握健康、语言、科学、社会、艺术五大领域专业知识，同时要密切关注教育改革的方向与动态，及时学习新的教育理念和教学方法。幼儿园骨干教师是学前教育发展的领头羊，必然肩负着发挥辐射引领作用的使命。江门市幼儿园教师发展前期调研显示江门市幼儿园骨干教师发展存在以下问题：

（一）对幼儿园课程资源开发的能力不足

幼儿园课程有别于成熟的中小学课程，相对缺乏宏观层面的教育体系支撑和微观层面的具体内容规范，迫切需要建设顺应教育趋势、适合本园实际的园本课程。目前园本课程普遍存在课程资源分类不清、内容单一、与《3~6岁儿童学习与发展指南》一致性不足的问题。园本课程构建与实施关键在教师，我市幼儿园骨干教师虽然具有较丰富的教学经验，但受教师教育背景、工作经历、专业基础、发展需求等多种因素影响，幼儿园教师对幼儿园课程的结构、要素以及它们之间逻辑关系的认知存在较大个体差异，在很大程度上阻碍了优质课程资源的开发和实施。

（二）对教学缺乏理性认识，外出观摩和反思效果受到影响

教师接受知识、理解知识和运用知识方面的能力不足表现在他们对自己工作的思考和改进上。在校本培训、以师带徒、外出学习等方式中如果不能够把优秀教师和自己的经验结合、理解和运用，最多只能起到照猫画虎的作用，教师的研究能力受到影响。同样，教师学力水平越低，越无法自知，因此必须通过骨干教师和备课组长，提高他们的研究能力，总结经验，发挥其引领作用。

（三）信息技术应用能力仍较欠缺

大多数教师能够熟练地运用多媒体技术提高课堂效率，但他们更多关注搜集和利用网络信息、课件制作等技能。在改变学习方式、实现个性化学习和提高学习效率方面还需要激励和提升。

鉴于此，我们制定和实施了江门市幼儿园骨干教师培训项目，以培养一批充分了解学前教育政策法规，熟悉掌握学前教育热点问题与前沿理论的骨干教师，提升幼儿教师实践创新能力和专业引领能力，发挥参培学员对本园、本地区幼儿园教师的影响力和引领力，在幼儿园教育教学实践中带动全市幼儿教师转变教育理念，增强优质课程资源开发和实施能力；同时，培训项目有利于充分发挥骨干教师教研领头羊的作用，提升幼儿教师理论水平，提炼教学经验，拓展专业知识，提升科学保教与教研能力，提高幼儿园教育教学理论与实践的研究水平。本项目拟通过专家讲座、小组研讨、互动交流的混合式培训方式，为参培学员建立学习与研究有机结合的学习空间与氛围，帮助江门市幼儿园骨干教师实现从实践型、经验型和教学型教师向理论型、学者型和研究型教师转变。

二、培训方案

（一）指导思想

1. 以教师发展需求为导向

本次培训以学前教师发展需求为导向，从教师在学前教育教学中存在的问题、面临的挑战、遇到的困难以及对培训方式的需求等方面入手，设计了《江门市幼儿园教师培训需求调查问卷》，通过问卷星面向江门市幼儿园教师发放。本次调查采取网上匿名问卷调查方式，共回收问卷 5184 份，其中调查对象为“幼儿园骨干教师（中级以上职称、5 年以上教龄）”的有 1429 份。调查发现，在培训需求方面，骨干教师更多关注的是自己专业成长的需求（92.09%）、开阔自己的视野（89.01%）和教育改革发展的需要（49.27%）。骨干教师普遍关注培训课程、培训师资和教学形式，认为培训主题应进一步优化，还有部分教师认为应开展训后跟踪指导，希望将实践转化纳入到考核和评价指标。培训内容方面，需求度排名前十的课程分别是幼儿园游戏、儿童行为观察与评价、区域活动指导、教学活动设计与组织、家园合作、幼小衔接、师幼互动技巧、幼儿园一日生活组织、幼儿园环境创设、幼儿良好行为培养。在培训方式上，大部分骨干教师喜欢外出观摩、交流研讨、案例研究、专家讲座、听课评课等参与式、互动式的培训方式，并希望得到专家教授、高校教师、优秀园长或优秀幼儿教师的指导与帮助。

2. 专业导向，师德为先

学前教育发展不仅要建设一批坚实安全的幼儿园，更需要建设一支师德高尚、业务精良的幼儿园教师队伍。高素质专业化的幼儿园教师队伍是高质量教育和儿童健康发展的重要保障。建设高素质、专业化的幼儿园教师队伍必须具有良好的职业道德与态度、专业的学前教育理论和知识以及专业的幼儿教育教学技能。本次培训致力于在培训项目中以任务驱动的方式，直接发挥骨干教师的辐射引领作用。

（二）培训理念

根据《幼儿园教师专业标准》（试行）和《广东省中小学、幼儿园教师、校（园）长分层分类培训课程指南》精神，围绕“强化专业能力，凝练教学思想”主题，集中研修阶段从“树立专业精神”“提升专业知识”“强化专业能力”三个模块来设计课程。同时依托广东省基础教育园本教研基地（江门学前）开展园本教研活动，加强行动研究，提升幼儿园教师专业知识，有效促进幼儿园教师专业发展。

（三）课程模块与内容

模块一：树立专业精神

围绕这一模块，从师德师风、教师专业发展、家园共育理念等专题来设计课程，旨在引导教师树立良好师德师风，共建风清气正的园风教风。

模块二：提升专业知识

围绕这一模块，从幼儿行为与观察、幼儿园课题申报等方面设计课程，旨在完善专业知识，尊重幼儿，热爱幼儿。

模块三：强化专业能力

围绕这一模块，从幼儿园课程建设、幼儿游戏、班级管理、亲子互动、师幼互动、沟通技巧等专题设计课程，旨在强化专业能力。

三个模块共包含 13 个集中培训专题项目和一个实践项目，具体内容及学时安排如表 5-12 所示。

表 5-12　幼儿园骨干教师培训课程模块

<table>
<tr><td rowspan="14">塑造教学风格　凝集教学思想</td><td>模块</td><td>研修方式</td><td>专题名称</td><td>学时</td></tr>
<tr><td rowspan="2">模块一：树立专业精神</td><td rowspan="2">集中面授</td><td>《新时代幼儿园教师职业行为十项准则》解读</td><td>4</td></tr>
<tr><td>家园共育的基本理念与实践</td><td>4</td></tr>
<tr><td rowspan="4">模块二：提升专业知识</td><td rowspan="3">集中面授</td><td>幼儿园课题申报与实施</td><td>4</td></tr>
<tr><td>幼儿行为与观察</td><td>4</td></tr>
<tr><td>主动与专业，重构积极师幼互动关系</td><td>4</td></tr>
<tr><td>交流研讨</td><td>互动论坛：幼儿园园本课程分享</td><td>4</td></tr>
<tr><td rowspan="6">模块三：强化专业能力</td><td rowspan="5">集中面授</td><td>幼儿园游戏活动中的深度学习（1）</td><td>4</td></tr>
<tr><td>幼儿园游戏活动中的深度学习（2）</td><td>4</td></tr>
<tr><td>幼儿园班级管理</td><td>4</td></tr>
<tr><td>高质量亲子互动与有效陪伴</td><td>4</td></tr>
<tr><td>幼儿园课程建设与教师专业成长一体化</td><td>4</td></tr>
<tr><td>交流研讨</td><td>世界咖啡：怎样做教研？</td><td>4</td></tr>
<tr><td colspan="2">行动研究</td><td>依托广东省基础教育园本教研基地（江门学前）开展行动研究</td><td>—</td></tr>
</table>

（四）培训形式

培训采取专家引领和学员互动相结合的方式进行。培训主要形式为：

1. 专家讲座：学员集中进行理论研修，案例研讨。

2. 小组研讨互动交流：采取咖啡教研、案例研讨、教师论坛、主题沙龙等培训形式进行互动交流。

3. 行动研究：学员通过集中研修，反思自身教育教学实践，开始行动研究，实现自我专业成长。

三、实施过程

（一）训前设计

1. 创新培训模式

（1）针对幼儿园课程实施质量不高的现状，充分发挥广东省基础教育园本教研基地（江门学前）专业引领优势，以教研基地领衔园及联合园为主要阵地，开设具有江门侨乡文化背景的园本课程，引领幼儿园教师开展园本教研和园本科研。

（2）以教研基地为实践基地，设计系列园本教研工作坊开展行动研究，促进理论学习与岗位实践的融合发展。

2. 创新培训内容

积极探索多样培训方式，重视参与性培训，采用专家授课、观摩考察、跟岗实践、技能实践、小组交流等形式。以动态发展的视角着眼于教研组及研究型教师培养，提升教研组的研究指导能力，培养研究型的骨干教师。

（二）训中实践

坚持“实践导向，学做合一”的培训特色，注重前期调研，关注学员需求，经过专家反复论证，精心设计并实施以成果为导向的课程方案，致力于“参加1次论坛、制订1个计划、开展1次教研、组建1个共同体”的成果展示。培训课程及主要内容如表5-13所示。

表5-13 幼儿园骨干教师培训课程及主要内容

时间		专题名称	主要内容
第一天	下午	赋能式沟通的策略	沟通的三个技巧及案例分析
第二天	上午	侨乡园本课程建设与教师专业成长一体化	1. 侨都文化资源的园本课程开发与应用 2. 多维度的教研训实践与教师专业成长
	下午	家园共育的基本理念与实践	1. 家园共育的形式和内容 2. 家园共育机制下的早期阅读实施路径
第三天	上午	幼儿园行动研究与课题申报	1. 行动研究的定义与特点 2. 行动研究的模式与步骤 3. 行动研究的误区与要求
	下午	师幼互动与专业，重构积极师幼互动关系	师幼互动的策略及建议
第四天	上午	高质量亲子互动与有效陪伴	1. 亲子互动与个体成长 2. 高质量亲自互动的界定 3. 如何有效陪伴孩子成长
	下午	区域活动中幼儿深度学习的实践	1. 区域活动前引发幼儿深度学习的前提条件 2. 区域活动中支撑幼儿深度学习的师幼互动策略 3. 区域活动后拓展幼儿深度学习的广度

续表

时间		专题名称	主要内容
第五天	上午	游戏活动中幼儿行为的观察与指导	1. 观察与幼儿游戏活动组织 2. 游戏中幼儿行为观察要点 3. 幼儿行为的观察记录方法 4. 游戏中幼儿行为评价指导
	下午	科学合理的一天活动 有效促进孩子成长	1. 科学、合理安排一日生活的价值 2. 一日活动的组织原则与实施要点
第六天	上午	世界咖啡：幼儿园骨干教师生涯发展的路径和方法	1. 世界咖啡的教学方式 2. 教师专业发展的五个路径
	下午	《新时代幼儿园教师职业行为十项准则》解读	1. 违反教师职业行为典型案例 2.《新时代幼儿园教师职业行为十项准则》的内容、意义 3. 如何全面理解和把握《新时代幼儿园教师职业行为十项准则》

（三）训后应用

1. 跟踪调研：班主任定期了解学员培训效果和返岗研修的情况，采取大范围调研和个别访谈的方式及时提供指导和服务。

2. 转化研修成果。布置返岗实践作业，指导学员进一步开展园本研修活动，将后续园本研修的成果（如讲座、示范课、案例分析等）通过“个人空间”“教师工作坊”提交至网络研修平台，转化研修成果。

3. 促进迁移应用。开展“专家现场答疑”和“学员论坛”活动，进一步发挥教研基地工作坊的研修作用，基地专家为学员答疑解惑，巩固培训成果，增强迁移应用的实效性。

四、培训效果

（一）开阔了视野，丰富了知识

通过培训，学员系统梳理了日常工作遇到的问题，带着问题聆听专家的讲座，接触到了幼儿教育的新理念和做法，视野得以开阔，知识结构发生了变化。本次培训提高了专业能力，解决了实践中的问题。

（二）提升了技能，优化了方法

充分发挥广东省基础教育园本教研基地（江门学前）专业引领优势，引发幼儿深度学习的前提条件发生的方法，支撑幼儿深度学习的师幼互动策略，拓宽幼儿深度学习的广度。

（三）深化了研究，丰富了资源

“侨都文化资源的园本课程开发与应用”“多维度的教研训实践与教师专业成长”赋能侨乡园本课程建设研究策略，学员依托教研基地领衔园及联合园优势，结合《3~6 岁儿童学习与发展指南》开展侨乡特色园本课程资源行动研究。后期跟踪调查显示，有些学员已经成长为市县级名师，具备开发江门侨乡文化背景的园本课程资源能力。

第四节　江门市名教师培养项目

名教师培养是针对已经具有一定教学经验和专业水平的教师，通过系统的培训和专业发展活动，进一步提升他们的教学能力、创新能力和教育领导力，使他们成为在教育领域内有影响力的专家或者带头人。名教师培养的目标是培养能够在教育领域起到示范和引领作用的教师，他们不仅在自己的学校和课堂上发挥作用，还能够对更广泛的区域教育产生积极的影响。

一、项目背景

名教师培养通常会包括以下几个方面：

第一，高超的教学技能。名教师培养会着重提升教师的教学技能，如课程创新、教学设计、评估策略、学习心理学等。这些技能有助于教师更有效地促进学生的学习和发展。

第二，教育领导力。名教师培养还会关注教育领导力的培训，包括学校管理、团队领导、项目协调、政策制定等。目的是让教师能够在教育领域担任更重要的角色，推动教育改革和发展。

第三，教育研究与创新。名教师培养鼓励教师参与教育研究，开展行动研究，探索新的教育理念和方法。通过研究和实践，教师可以成为教育创新的推动者和实践者。

第四，专业社群参与。名教师培养项目通常会提供机会让教师加入专业社群，与其他优秀教师交流和合作。这种参与有助于教师扩大自己的视野，获取新的教育资源和灵感。

第五，个人风格建设。名教师培养项目还会指导教师如何建立和维护个人风格，包括公开演讲、撰写教育文章、参与教育会议等。这有助于提升教师的社会影响力和专业认可度。

第六，持续学习与发展。名教师培养项目强调持续学习的重要性，鼓励教师制订个人发展计划，持续追踪最新的教育趋势和研究成果，以保持其专业水平的领先。

很多地方在名教师培养实施过程中面临着一系列问题：

第一，培训内容与实际需求脱节。有时培训内容可能过于理论化或与教师的实际教学需求不符，导致教师难以将所学知识和技能应用到日常教学中。

第二，缺乏个性化和差异化。部分培养项目忽视了教师个体差异，采用“一刀切”的教学方法，这可能不足以满足不同背景、经验和学科领域教师的特定需求。

第三，资源分配不均。在资源有限的情况下，高质量的培训资源可能会集中在某些地区或学校，而忽视了其他地区或学校的需求，加剧了教育不平等。

第四，持续时间和频率不足。名教师的成长需要持续的专业发展支持。如果培训项目仅仅是一次性的短期活动，可能无法产生长远的影响。

第五，缺乏有效的评估和反馈机制。没有有效的评估和反馈机制，培训的成效难以衡量，也难以根据教师的反馈进行及时调整和改进。

第六，培训师资质量不一。培训师资的质量直接影响培训的效果。如果培训师缺乏必要的资质或经验，可能无法提供高质量的培训。

第七，与教育政策和改革不同步。培训内容未能及时更新以适应最新的教育政策和改革趋势，导致教师无法有效应对教育环境的变化。

为了解决这些问题，江门市名教师培养项目进行细致的设计和规划，确保培训内容与教师的实际需求相符，提供个性化和差异化的学习路径，合理分配资源，建立有效的评估和反馈机制，并激发教师的参与热情。同时，培训内容与当前的教育政策和改革保持同步，以确保教师能够适应教育领域的最新发展。

二、培训方案

为进一步加强中小学名师队伍建设，根据《广东省中长期教育改革与发展规划纲要（2010—2020年）》和《关于印发江门市基础教育名师工程推进方案的通知》（江教发字〔2014〕11号）的相关要求，以习近平新时代中国特色社会主义思想为指导，遵循教师专业发展普遍规律和阶段性特征，制定了培训方案。

（一）培养目标

具有自己独特的教学风格是名师的标识。名师培养工程不求面面俱到，而是要围绕一个核心问题，达成一个具体目标——成为有独特教学风格的专家型教师。教学风格是指教师在长期的教学实践过程中形成的，在一定的教学理念指导下，创造性地运用各种教学方法和技巧所表现出来的一种个性化的教学风貌和格调。

1. 总体目标

以“中小学特级教师”和“中小学正高级教师”为基准，以“课堂教学”和“班级管理”为阵地，以“课题研究”和“导师引领”为抓手，通过两年卓有成效的研磨和培育，使每一个学员反思、总结、提炼、表达自己的教学风格，促进其成为在全市乃至全省有较高知名度和影响力的专家型教师。具体如下：

（1）师德修养目标

提高教师职业的认知度，具有教育理想和敬业精神，明确自身专业成长的目标和措施；在促进学生健康成长和综合素质发展等方面起到指导者和引路人的作用，在指导青年教师、培养骨干教师、促进教师专业化发展工作中取得明显的成效。

（2）知识水平目标

拓展教育教学的基础理论知识，把握现代教育教学的理念，丰厚任教学科课程的基础理论和专业知识，掌握国内外本学科教育教学改革与发展的最新动态和最前沿的学术成果，能够吸收最新教育教学研究成果并应用于教育教学实践。

（3）专业能力目标

提高教学科研能力，增强教育创新意识，能够主持市级、省级乃至国家级的教育教学科研课题，在本学科领域起到带头示范作用；提高信息技术与课程整合能力及其他现代教育技术应用能力；掌握沟通技巧，提高引领学生综合素质发展的教学拓展能力和育人能力；能够胜任本学段各年级循环教学，教学业绩显著，教育艺术精湛，形成富有个性的教育教学风格。

2. 阶段目标

中小学名师培养项目以两年为一个培养周期。各年度的主要目标与任务如下：

第一阶段：以"在反思中找准方向"为目标，在深化职业认识、更新教育理念、开拓知识视野的进程中，注重深入实践开展问题诊断，以习得的知识、内容与经验为参照点，引导学员持续地认识自我、反思自我、解读实践，形成个人发展的系统规划与改进实践的基本方案。

第二阶段：以"在行动中培育个性"为目标，在实践与理论导师的协同引导下，在学科小组展开的共同研习活动中，注重依托集体的智慧推动学科教学的改进、课堂教学的变革和教育课题的研究，生成个性化的教学理解并初步固化为课堂教学的独特风格与模式。

第三阶段：以"在展示中持续发展"为目标，在展示研修成果、传播教育经验、发挥示范辐射作用的进程中，注重以区域内的引领示范活动和区域间的教育交流与展示活动为契机，广泛吸纳不同群体的意见与建议，完成对各类成果的精致化修订，找准持续发展的新基点。

（二）培养内容

教学风格的形成过程是一个不断学习与批判的过程，是一个不断实践与反思的过程，是一个不断建构与解构的过程。在这"破"与"立"交替上升的过程中，"课堂性格"得以形成，得以巩固。这种鲜明的个性外显为优秀教师的教学风格。就培养内容而言，具体表现为认识风格、凝练风格、展示风格、反思风格和升华风格。

1. 认识风格

认识风格是形成风格的前提。第一次理论学习以"教学风格"为关键词，了解教师形成自己独特教学风格的深远意义；了解和理解教学风格的内涵与外延，教学风格的基本特征，教学风格的主要类型及其分类依据，教学风格的影响因素，教学风格的形成过程，教学风格的发展阶段；理解并掌握学习和创建教学风格的主要方法等。

2. 凝练风格

凝练风格是名师升华教学经验的重要途径。理性追问："我有教学风格吗？如果没有，为什么？如果有，是什么？"撰写"我的教学风格"案例，表达自己的教学风格、叙说自己的成长历程、提供典型的课堂实例、反思自己的教学行为等。

3. 展示风格

展示风格是教师彼此分享知识的有效方法。选择认为最能代表自己教学风格的课例，展示自己，解剖自己。分成若干小组，相互观课评课，反复研课磨课，在做中学，在学中做，既当老师又当学生，互为师生，共同发展。

4. 反思风格

反思风格是对已有风格的审视与批判。第二次理论学习围绕教育哲学、课程原理、德育原理、教育心理学、中外教育思想史、人文艺术素养、个人品牌传播等主题，拓宽视野，结合自己学习的体会，对照原先自己凝练的教学风格，通过观察他人的教学风格，再一次理性追问："我的教学风格特长是什么？我的教学风格的缺陷在哪里？我的发展方向是什么？"修改"我的教学风格"案例。

5. 升华风格

升华风格是保持风格的必要手段。教学风格要保持其独特性和鲜活性，就要在相互的学习、交往（展示）和反思中不断升华。组建合作团队，选定关键问题，申报科研课题，出成果，出人才，出影响。认识风格、凝练风格、展示风格、反思风格和升华风格，相互联系，相互促进，你中有我，我中有你，是一个实践—认识—再实践—再认识的循环往复、不断递进、螺旋上升的动态过程。

（三）课程模块

培养工作坚持理论研修与行动研究相结合、导师引领与个人研修相结合、脱产学习与岗位研修相结合的原则，采用理论研修、学科研修、省外跟岗、示范带学、课题研究五种模式，依据各年度的具体目标，每年的安排各有侧重，如表 5–14 所示。

表 5–14　各年度培养目标与培养模式一览表

	理论研修	学科研修	省外跟岗	示范带学	课题研究
第一年度	多元视角：反思自我 以理论研习、问题研讨等方式深化学员对自我的觉知、对未来发展方向的把握	入校指导：问题诊断 以导师与学科小组的集体智慧协助学员找问题、找方向、找出路	文化纪行：博闻强识 走进省外名校，与名师就教育理念、教学改革、教学风格等话题进行广泛的交流	率先垂范：名师领导力 组建个人工作室，确定青年教师培养计划；以“名师讲堂”系列活动分享课堂教学成果	教研一体：释放潜力 解决以往在科研中的疑惑，深化对“科研”价值的认识，拟定课题研究方案
第二年度	开拓视野：融会贯通 总结升华：成果分享 以跨学科知识将学员引入文化殿堂，体验文化化育一切的魅力，汲取改进本学科教学的养分	集体智慧：释放课堂活力 在导师引领下，围绕教得巧妙、教得有效、教出美感、教出个性开展课堂教学研磨	现场追踪：走近名师 省外名校体验学习，现场感知名师特色与成长经历，体验学生、教师、学校发展的一致性	教师风采：全面领跑 学科小组集体成果展示；以“名师讲堂”系列活动传播名师的教育理念和教学艺术	共同推进：适切引导 精益求精：反复修订 专家团队定期组织课题交流活动，并进行个性化的跟踪指导；导师支持学员提炼研修成果，并评选出优秀成果策划出版

各个阶段活动内容与任务也有所侧重，如表 5–15 所示。

表 5–15　各个阶段活动内容与任务

阶段	培养学员	理论导师	实践导师
理论研修（12 天）	熟悉培训方案，完成规定课程的学习；确定小课题的选题，撰写研究计划；完成阶段小结，协助做好阶段考核	指导学员的课题选题和开题	视需要为学员开设专题讲座；指导本组学员做好两年发展规划

续表

阶段	培养学员	理论导师	实践导师
学科研修集中研修（14天）	教学实习：听评课不少于10节，上课不少于6节；课题研究开题并开展研究工作；开发1节优秀课例；撰写1个教育案例	采用跟岗等方式指导本阶段培训工作	负责做好入室学员的接待工作，确保学员完成跟岗学习任务；负责对学员进行阶段考核
岗位研修集中研修（20天）	学员在导师工作室进行学科研修的基础上，返回自己所在学校，根据实践导师的个性指导方案，在本校开展岗位教学实践与课题研究；以小组为单位开展同课异构、科组建设、青年教师培养等研讨 导师现场指导；总结实践学习效果，学员每年至少在校内开展示范公开课1次以上 导师下校指导，在培养学员所在单位集中	采用现场指导的方式指导本阶段培训工作：实践导师赴学员所在学校开展“名师讲堂”时指导小组学员提炼教学风格成果。指导学员修改教育案例	采用现场指导等方式指导本阶段培训工作：指导同课异构、科组建设；到学员所在地开设“名师讲堂”和“名师示范教学”活动
成果展示、示范带学（4天）	进行说课、录像课展示和优秀课例交流；提交小课题研究报告，并进行答辩	对学员进行阶段考核和综合考评	做好对学员教学与研究成果的观察和评价工作

三、实施过程

（一）实施情况

第一阶段集中研修课程安排：围绕“反思自我，以理论研习、问题研讨等方式深化学员对自我的觉知、对未来发展方向的把握”等内容设置课程。课程安排如表5-16所示。

表5-16　第一阶段集中研修课程安排

模块	时间	课程名称	内容要点	形式
理论研修	第一天	方案解读与学习共同体建设	方案解读，明确学习目标，明确考核要求 团队建设	专题讲座
	第二天	不断修炼、追求卓越	1. 自我能力画像 2. 教师专业发展面临的各种挑战 3. 好教师具备的12个人格魅力	专题讲座
		探寻“粤派教育”渊源，构筑新时代“粤派教育”新格局	1. 构筑新时代“粤派教育”新格局 2. 从西方哲学到中国哲学再到教育哲学 3. 从“Yes，and”的精神到“听说教学”理念	专题讲座

续表

模块	时间	课程名称	内容要点	形式
理论研修	第三天	课堂教学艺术与修炼	1. 教师的教学素养修炼 2. 课堂教学艺术	专题讲座
		全课程教育的学校实践与探索	1. 何为“全课程” 2. “全课程”有何意义 3. 全课程体系是如何实施的 4. 如何将学科系统知识，融入到体验式、生活化的学习中	专题讲座
		问道与通达：中小学课题研究的策划与案例分析	1. 教育科学研究概述 2. 教育科学研究问题的问题意识 3. 教育科学研究问题的确定 4. 教育科学研究的开展 5. 教育科学研究成果的输出 6. 研究例证	专题讲座
	第三天	创新型教师成长本土化发展的思考与行动	1. 课堂的“五个要不要” 2. 把握教育大势，领悟时代发展要旨 3. 牢固文化自信，承传粤派文化 4. 自觉对标反思，规划创新职业生涯 5. 研究“课文化”，追求课堂突破	专题讲座
	第四天	教育的沟通艺术	1. 人与人之间的沟通 2. 师生沟通 3. 家校沟通	专题讲座
		技术促进学习：从模式创新到范式转变	1. 让技术成为一种学习方式 2. 通过技术手段，挖掘课堂中精彩的 2% 3. 通过认知冲突，发动课堂有效对话	专题讲座
	第五天	教师教学风格成长案例撰写	1. 教学风格的思维内涵与个性化表述 2. 教学风格的形成阶段、途径与保障机制 3. 优秀案例分享	专题讲座

第二阶段集中研修课程安排：本阶段主要是开展集中研修和跟岗研修活动，围绕“课题研究及教师专业发展”等内容组织学习，课程安排如表 5-17 所示。

表 5-17　第二阶段集中研修课程安排

模块	时间	课程名称	内容要点	形式
学科研修	第一天	学科教育课题研究	1. 从细小的地方入手开展课题研究 2. 课题研究的对象、内容、策略与方案	专题讲座
	第二天	名师成长的道路	1. 教育要面向未来 2. 学校价值观的引领 3. 未来需要什么样的教师	专题讲座
		如何做小课题研究	1. 如何寻找自己专业成长的关键词 2. 要善于发现问题、思考问题，并在实践中寻求问题的解决方式 3. 把“小问题”转化成“小课题”	专题讲座
	第三天	小课题研究实施方案、我的教学风格指导	分四个小组进行，导师针对学员提交的小课题研究报告和个人的教学风格案例给出个性化建议	教学风格指导
	第四天	学校劳动教育的设计和实施	1. 以广州的“劳动教育”为例，介绍劳动课的教学模式和方法 2. “劳动教育”与学科教育相结合的示范课 3. 以“劳动教育”为主题申报课题研究	专题讲座
		认知教学理论与教学设计	1. 当代认知心理学理论在教学中的作用 2. 基于教育目标分类的课堂教学 3. 基于认知心理学知识分类的课堂教学策略	专题讲座
	省内名校跟岗学习一周	学前组	1. 学习园舍布置 2. 学习主题游戏活动 3. 参加教研组集体教研	体验学习 案例分析 专题报告
		小学组	1. 观摩示范课程 2. 参加学科教研组活动	
		初中组	1. 参加集体教研活动 2. 教学管理经验交流 3. 学科建设经验交流	
		高中组	1. 中小学教师如何填写课题申报书 2. 理论知识如何应用在实践教学活动中 3. 学习课堂教学经验	

第三阶段集中研修课程安排：本阶段完成为期 11 天的岗位研修及中期汇报指导活动，围绕“我的教学风格”案例、小课题研究实施方案等内容组织开

展指导活动。课程安排如表 5–18 所示。

表 5–18 第三阶段集中研修课程安排

模块	时间	课程名称	内容要点	形式
岗位研修	第 1 天至第 10 天	根据理论导师的个性指导方案，对“我的教学风格”案例和小课题研究实施方案进行修改与完善。学员于岗位研修结束第二天前提交“我的教学风格”案例、小课题研究实施方案二稿		案例指导
	第 11 天	“我的教学风格”案例、小课题研究实施方案	目前学员进行了为期 10 天的集中理论学习和 5 天的跟岗学习，第二次指导“我的教学风格”案例、小课题研究实施方案	线上分组指导

第四阶段集中研修课程安排：本阶段为理论研修与学科研修相结合，基于名教师的专业发展需求，以学科教学问题为先导、教学案例为载体、学科教学教研能力提升为目标，通过“自我反思—主题引领—实践跟进”的培训路径，帮助学员解决教育教学中的实际问题，提升基于学生核心素养发展的教学设计、实施与评价能力，引领教师的专业成长，以省外跟岗研修的形式开展。课程安排如表 5–19 所示。

表 5–19 第四阶段集中研修课程安排

模块	课程名称	主要内容	形式
理论研修、学科研修	团队的组建与破冰	1. 开班典礼 2. 研修方案解读 3. 师生见面会	体验学习 案例分析 专题报告
	习近平教育思想解读	梳理邓小平理论、三个代表、科学发展观和习近平新时代中国特色社会主义思想	专题报告 案例分析
	躬行实践 厚积薄发——教学成果凝练与发表	1. 思维模式决定未来的发展 2. 做专业有情怀的名教师 3. 工作室教学凝练与发表	专题报告 案例分析
	让教育照鉴新人生——办学思想的传承创新与凝聚提炼	分享教育主张、办学土张与小学理念	案例分析

续表

模块	课程名称	主要内容	形式
理论研修、学科研修	实践“智慧课堂”滋养“智慧生长”	“智慧教室”系统：课堂教学的自动化、智能化和互动化	展示交流
		智能作文课：“IN课堂”作文智批	课堂观摩
		智能体育课：飞碟项目的操作及细节	课堂观摩
	立足当下，展望未来 与时俱进，拥抱未来	基于现代教育技术与小学教育教学深度融合的一平台、两主体、三同步、四融合的新模式	专题报告
	高阶思维的培养方法与途径	高阶思维的五大培养策略	案例分析 行动学习
	世界咖啡：名师工作室最关键的管理智慧 结业仪式	解读世界咖啡的内涵 小组合作学习：围绕《管理智慧》的四个方面进行讨论、构思、设计并展示 点评小组成果	世界咖啡 行动学习
	信息化工具在学科教学中的融合应用	1. 极简信息化教学 2. 未来教师七个趋势 3. 信息技术背景下的优课 4. 融合之路 5. 以学习者为中心帮助学习者更好地学习 6. 分享工作中的实用小程序	案例分析 行动学习

第五阶段课程安排：本阶段为示范带学活动，充分发挥学员的专业特长及示范引领作用，以公开课、名师示范课、听评课、专题研修等形式，以“依据新课标，打造创造性”的课堂为主题，以学段、学科小组为单位，学员小组合作，给当地教师上2节示范课或微讲座，听当地老师1节课并评课，与当地老师进行一次深度的学科教学教研交流，共同促进区域课堂教学改革。本阶段集中研修课程安排如表5–20所示。

表5–20　第五阶段集中研修课程安排

模块	时间	课程名称	主要内容	形式
示范带学	第一天	示范带学启动仪式及专家讲座	1. 强师工程和教育发展情况分析 2. 专题讲座《心怀家国、担当进取，做新时代的好老师》	专题讲座
		对接上课安排	相关学科老师就示范教学活动进行深入交流	示范课、微讲座、听评课

续表

模块	时间	课程名称	主要内容	形式
示范带学	第二天	数学学科示范引领	课例：五年级《图形的运动——旋转》	示范课、微讲座、听评课
		古井小学英语研讨	课例：六年级《U6 Feeling Fun—Reading and writing》	
		数学学科示范引领	课例：五年级《找次品》	
		英语学科示范引领	微讲座：《基于单元整体教学的小学英语综合实践活动的设计探究》	
		音乐学科示范引领	课例：三年级《柳树姑娘》	
		语文学科示范引领	课例：五年级《杨氏之子》	
		古井小学语文研讨课	六年级《真理诞生于一百个问号之后》	
		古井小学体育研讨课	五年级《篮球运球与传接球》	
	第三天	数学学科示范引领	课例：九年级《面积归类》	
		历史学科示范引领	课例：八年级《建设中国特色社会主义》	
		数学学科示范引领	微讲座：《“五步五环”教学促进初中数学课堂深度学习》	
		数学学科示范引领	课例：八年级《平行四边形复习》	
		化学学科示范引领	课例：九年级《气体的制取》，考卷 18 小题	
		语文学科示范引领	微讲座：九年级《文学类作品备考策略》	
	第四天	学前教育示范引领	大班科学活动《浮与沉》	示范课、微讲座、听评课
		实验幼儿园研讨课	大班绘本活动《谁偷了包子》	示范课、微讲座、听评课
	第五天	政治学科示范引领	课例：高一哲学 1~3 课（复习课）	
		生物学科示范引领	课例：高一必修 2 孟德尔杂交实验（复习课）	
		英语学科示范引领	应用文写作指导——活动报道类	

第六阶段研修安排：本阶段为岗位研修，学员需完成以下学习任务：

第一，同课异构 / 公开课：学员立足学校需要完成岗位研修课程，本区其他学员参与互动和听评课。专家入校指导，听课、议课和评课，对教师的教育教学活动进行指导。

第二，课题研讨与指导：对于课题开展和教学风格案例撰写情况进行研讨，指导专家入校指导。

研修总体安排如表 5-21 所示。

表 5-21　第六阶段集中研修课程安排

模块	时间	活动主题	活动地点
岗位研修	8 天	课题研讨 / 教学风格案例 / 同课异构、异课同构	学员所在学校

第七阶段研修安排：本阶段主要是理论研修，包括教学风格案例分组指导、撰写；成果展示与结业答辩。

研修总体安排如表 5-22 所示。

表 5-22　第七阶段集中研修课程安排

模块	时间	课程	主要内容要点	形式
理论研修	第一天	课题、论文和教学风格案例的撰写和指导	课题、论文和教学风格案例的撰写及修改	分组指导
	第二天	课题、论文和教学风格案例的撰写和修改	学员就个人教学案例进行修改	案例修改 专家指导
结业考核	第三天	项目总结和展示教学风格案例结业答辩	1. 学员汇报个人教学风格案例 2. 专家考评	结业答辩

（二）考核评价

考核评价采用培养对象自评与培养对象所在单位、培养机构综合评价相结合的方式进行。以注重实效、促进发展为原则，依据培养方案和个人发展规划进行年度和终期考核工作。

1. 研修时间保障程度

学员按照培养计划参加各项研修活动，原则上不予请假。若有特殊情况，须以书面形式向项目组提出请假申请，每年累计缺课超过培养计划规定学时 1/10 的学员，年度考核为“不合格”，退出培养。

2. 研修任务完成情况

考评内容主要包括发展目标的设计情况、发展目标的实现过程，发展目标的完成情况。年度考核重在发展目标的设计情况与发展目标的实现过程，终期考核重在发展目标的完成情况。

（三）管理制度

1. 首席专家制度

设一名本领域的权威专家作为首席专家，引领项目的开展。其主要职责包括：组建专家团队、引领专家团队策划项目实施方案、指导项目实施、评估项目质量。

2. 集体备课制度

首席专家组织专家团队进行定期研讨，密切沟通各个模块、各个专题、各项活动之间的内在联系，交流研讨实施过程中的经验与问题，提高项目实施的质量和效益。

3. 双导师制度

每位培养对象配置两位导师，一位为理论导师，负责理论提升；另一位为实践导师，负责实践指导。培养对象和导师之间进行双向互动，以提高指导工作的针对性和有效性。

4. 班主任跟班制度

本项目配置两位班主任，一位为教学班主任，负责教学活动的组织、沟通和落实；一位为事务班主任，负责后勤事务工作的安排和协调。两位班主任密切配合，保证管理到位、服务到位。

5. 质量监控制度

按照培养方案，对培养过程的各个环节和各方人员的活动进行及时的评价和督导，对不能按项目要求开展活动的学员、导师、工作人员提出限时改进意见，若不能改进则予以调整。

四、培训效果

第一，教学实践的改进。帮助学员掌握更先进的教学理念和方法，以学生为中心，聚焦目标导向、问题导向与创新导向，提高课堂互动性，促进学生批判性思维的发展。

第二，专业知识的深化。加深学员对学科专业知识的理解，更新知识结构，了解最新的学术动态，为教学提供丰富的知识储备。

第三，教育领导力的增强。领导力和学校管理的课程有助于提高教育管理决策力。

第四，教育创新的推动。学员们运用专业知识和技能的优势，开展教育项目创新，推动学校教育教学改革。

第五，教师职业发展的促进。帮助学员规划职业发展路径，设定更高的职业目标，让学员们得到更多的职业发展机会，如参与更高级别的教育项目、成为学科领域的专家等。

第六，学生学习成效的提升。通过提升教学能力和专业知识，更有效地实施课堂教学，提高育人成效。

第七，教育辐射的影响。发挥其专业影响力，让学员在教育领域中发挥更大的作用，如参与制定教育政策、分享教学实践、指导新教师等。

第六章

江门市高质量干训实践案例

教育管理人员是江门市教师培训的重要服务对象。教育管理者培训简称“干训”。本章主要介绍若干干训类高质量教师培训案例，通过多个高质量干训典型案例，呈现江门市打造高质量教师培训的实践经验。

第一节　江门市幼儿园班主任培训

一、项目背景

幼儿园教育是国民教育体系的重要组成部分，不仅对幼儿个人身心发展十分重要，而且对社会发展具有重要意义。高质量的幼儿园教育需要高素质的教师队伍，教师培训则是提升教师专业素质的重要举措。班主任是幼儿日常思想道德教育和幼儿管理的主要实施者，提高幼儿园班主任素质是促进幼儿健康成长的重要手段，然而，当前幼儿园班主任培训存在诸多问题：

第一，培训形式单一。有些培训只是简单的讲座或课堂教学，缺乏互动和实践环节，这样的培训方式会导致学员的学习兴趣不高，难以真正掌握和应用所学知识。

第二，“工学矛盾”突出。据调研，2019 年我市幼儿园专任教师的师生比为 1∶16.07，未达到国家关于“幼儿园专任教师总数与在园幼儿总数比高于 1∶15”的标准。“工学矛盾”比较突出，培训时间过长会影响学员参加培训的积极性。

第三，培训评估和反馈机制不完善。缺乏有效的评估和反馈机制，无法及时了解学员的学习情况和需求，也无法及时调整培训内容和方式。这样的培训会导致学员的学习效果不佳，也无法满足实际工作需要。

二、培训方案

（一）指导思想与培训理念

1. 指导思想

以《幼儿园教师专业标准（试行）》《新时代幼儿园教师职业行为十项准则》为依据，以提升幼儿园一线班主任的师德修养和专业能力为重点，整合培训资源，优化培训内容，增强培训实效，切实提高幼儿园教师的科学保教能力，提升江门市学前教育品质。

2. 培训理念

本项目以师德为先、能力为重、幼儿为本、实践导向为培训理念，通过集中面授与跟岗学习相结合、理论研修与实践创新相结合等混合式培训方式，将社会主义核心价值观和教师职业道德规范融入培训课程，引导幼儿园教师将立德树人根本任务落实到日常保教工作中，培养师德高尚、业务过硬的专业型高素质教师队伍。

（二）课程模块与内容

本项目从幼儿园一线班主任的实际需求出发，以“提高教育教学与管理能力，做班级管理改革和创新的引领者”为主题，围绕师德修养与专业精神、幼儿园班级管理与家长工作、幼儿园课程实践探索三个模块设计培训课程模块与内容。

具体安排如表 6–1 和表 6–2 所示。

表 6–1　江门市幼儿园一线班主任集中研修课程安排

培训专题	主要内容	研修方式
师德与专业精神	师德修养与职业道德规范	专家讲座 案例分析 互动交流
	教师团队的心理营养和情绪管理	
	幼儿的观察与评价	
幼儿园班级管理与家长工作	班主任的综合素养及班级管理策略	专家讲座 案例分析
	幼儿园家长工作	
	幼儿园亲子活动的组织与策划	
园本课程探索	幼儿园课程的实践探索	专家讲座 案例分析 互动交流
	幼儿园一日生活的组织与实施	

表 6–2　江门市幼儿园一线班主任跟岗实践课程安排

阶段	内容	具体安排
第一阶段	参观环境	参观幼儿园的室外和班级环境，并对环境创设的特点、理念以及策略进行总结反思
第二阶段	专题报告	听取跟岗园所指导老师关于幼儿园发展历史和园所课程设置的分享

续表

阶段	内容	具体安排
第三阶段	课程活动观摩	观摩跟岗园所的教育活动，并对教育活动的设计思路、开展的步骤、师幼互动状况等进行反思
第四阶段	参与体验	了解跟岗园所一日活动的安排、环节的过渡以及各环节如何进行保教；参与跟岗园所的园本教研活动，体会园本教研的方式与组织管理
第五阶段	互动论坛	参加由跟岗园所组织的互动论坛，如家园共育的问题与策略、有效师幼互动的策略等
第六阶段	实地观察与调查	在跟岗园所选取一个幼儿进行观察并进行评价；自选主题与指导教师进行交流与探讨

（三）培训形式

培训形式采取集中理论学习与跟岗实践相结合、专家引领与师徒结对相结合的方式进行，注重从实践中来，到实践中去。培训主要形式为：

第一，专家讲座：学员集中进行理论研修、案例研讨。

第二，小组研讨：采取咖啡教研、案例研讨、教师论坛、主题沙龙等培训形式进行互动交流。

第三，跟岗实践：学员在市内外优秀园长、导师的指导下，采用实地考察、深度体验以及专题调研等方式开展跟岗学习。

第四，返岗实践：学员通过集中研修、跟岗学习后，反思自身教育教学实践，返岗开展行动研究，实现自我专业成长。

三、实施过程

项目实施过程根据研修形式逐步推进，主要包括以下几个阶段：

（一）专家授课促学习

集中培训期间，《幼儿园一日活动的组织与实施》通过小组讨论与头脑风暴的形式，引导学员分享一日活动安排，对照《3~6 岁儿童发展指南》，取其精华，形成科学有效的一日活动组织与实施方法；《优秀班主任成长之路》以自身的经历道明团队合作的重要性，指导保教一体化的实施办法，促进学员超越自我，彼此共同成长;《打开心灵之窗，让家园的心更近》阐明“重视心的交流与真诚的互动”是家园合作的有效策略;《幼儿园突发事件的处理》通过思维导图的方法归纳总结幼儿园常见突发事件，并提出应对处理办法。

（二）跟岗交流促实践

三期学员分别到省内优质幼儿园跟岗学习，现场观摩幼儿园的主题活动;参加“幼小衔接”主题研讨，吸收幼小衔接设计思路，反思本园幼小衔接存在的问题，拟定改进计划。

（三）学员分享促成长

学员分享“家园共育的问题与策略”“师幼互动策略”等。

（四）返岗实践促改进

实践作为检验培训效果的主要阵地，返岗实践后将理论和实践紧密结合，促进理论成果转化，提高教育教学与管理能力，做班级管理改革和创新的引领者。

四、培训效果

（一）培训产出成果丰富

本项目为学员搭建良好的平台，产出成果丰富。学员经过培训后，每人提交一份经过打磨、改进的《幼儿园环境观摩记录表》《幼儿园一日活动内容记录表》《互动论坛记录表》《个人分享交流记录表》《学员跟岗情况登记表》和学习心得，学员熟练掌握幼儿园一日生活的组织与实施的方法，初步具备园本课程开发与实施的能力，为学员可持续发展打下扎实基础。

（二）学员学习满意度高

通过互动学习加深了学员对班主任工作的理解，激发了他们的创新思维和实践能力，学员参与度高，研讨和交流积极。导师一对一指导下的跟岗实践活动提高了学员的反思能力，为学员返岗实践提供了教育教学方法与管理策略。

第二节　江门市中小学名班主任培养

一、项目背景

班主任是落实立德树人，达成育人目标的重要群体，是中小学德育工作的主要执行者。2017 年教育部颁布了《中小学德育工作指南》（教基〔2017〕8 号），提出“构建方向正确、内容完善、学段衔接、载体丰富、常态开展的德育工作体系，大力促进德育工作专业化、规范化、实效化”的明确要求。区域教育行政部门在新时代如何回应德育工作的变化，如何建立相应的班主任管理与团队发展的支持体系；专业培训机构如何在区域德育工作体系调整的大背景下整体设计项目与课程，并充分运用专业培训工具，引导班主任学员积极参与，提高培训的针对性、专业性与实效性，是区域教育管理者与班主任培训工作者共同面临的时代课题。

为贯彻落实《中共中央国务院关于全面深化新时代教师队伍建设改革的意见》（中发〔2018〕4 号）、教育部《关于加强中小学班主任培训工作的意见》等文件精神，推动《中小学德育工作指南》落细落小落实，从新形势下学校实际德育工作的实际需要出发，结合江门市中小学德育工作的具体情况，落实立德树人根本任务，完善江门市中小学班主任专业成长平台，江门市于 2022 年起有计划有步骤地组织实施中小学名班主任培养对象培训班，以提高班主任师德素养和业务水平为核心，着力造就一支师德高尚、业务精湛、育人有方的骨干班主任队伍，全面提升班主任核心素养与育人能力。

二、培训方案

（一）指导思想与理念

培训需求分析是培训方案课程设计的起点，也是精准把握教师参训目的、需求与期望的关键依据，确保培训内容与教师们的实际需求紧密相连，实现培训效果的最大化。江门市名班主任培养对象的培训需求分析结果表明，名班主任培养对象主要是具备优秀潜质和卓越表现的班主任，他们已经拥有一定的教育教学和管理经验，但仍需进一步提升自身的专业素养和综合能力，在教育教学理念、教学方法、班级管理、心理辅导及专业成长等多个方面需进一步深入学习，以更好地适应教育发展的新要求和新挑战。因此，本培训课程设计在需求分析的基础上，紧扣“名班主任管理水平提升与班级特色发展”主题和“教学理论与实践相结合”的培训理念，设计江门市名班主任培养项目课程。

1. 理论指导：以《中小学教师培训课程指导标准（班级管理）》为指导

根据《小学教师专业标准（试行）》《中学教师专业标准（试行）》《教师教育课程标准（试行）》《中小学班主任工作规定》及国家关于教师培养培训、学生发展核心素养、班主任核心素养等相关文件精神及研究成果，教育部制定了《中小学教师培训课程指导标准（班级管理）》（以下简称《指导标准》），旨在促进中小学班级管理工作和班主任的专业发展，提高班主任培训的针对性和实效性。

《指导标准》基于中小学班主任班级管理工作任务及实践需要，从班集体建设、班级活动组织、学生发展指导、综合素质评价、沟通与合作等内容领域，开发班主任班级管理能力自我诊断量表，分层分类设计培训课程。《指导标准》是国家、省（自治区、直辖市）、地（市）、县（区）组织开展班主任培训工作的重要参考，是各级教师培训机构、教研机构以及中小学校设置班主任培训课程、开发和选择班主任培训课程资源的基本依据，也是中小学班主任规划个人专业发展和自主选择培训课程的行动指南。

2. 培训主题：紧扣“名班主任管理水平提升与班级特色发展”主题

管理水平提升与班级特色发展不仅是名班主任培养对象个人专业成长的关键，也是其推动班级整体进步、实现教育目标的重要手段。

首先，管理水平的提升对于班主任来说至关重要。班级管理是班主任工作的核心，一个优秀的班主任必须具备出色的管理能力。这不仅包括对学生的日常管理，还包括对学生情感、心理等方面的关怀和引导。随着教育改革的深入，班级管理面临着越来越多的挑战，如学生个性化需求的增加、家长对教育的期望提高等。因此，名班主任培养对象需要不断提升自己的管理水平，以更好地应对这些挑战，为学生创造一个安全、和谐、积极向上的学习环境。

其次，班级特色发展是班主任实现教育目标的重要途径。每个班级都有其独特的文化背景和学生群体，班主任应该根据班级的特点，制定符合班级实际的教育方案，推动班级特色的发展。通过班级特色的发展，可以激发学生的学习兴趣和创造力，培养学生的团队精神和集体荣誉感，从而促进学生全面发展。同时，班级特色的发展也有助于提升班级的知名度和影响力，为学校的整体发展做出贡献。

因此，管理水平提升与班级特色发展对于名班主任培养对象来说具有重要意义。它们不仅有助于班主任个人专业成长，也有助于推动班级整体进步、实现教育目标。

3. 培训理念：树立“教学理论与实践相结合”理念

教师培训应强调教学理论与实践的结合。理论学习为教师提供了教育教学的框架和原则，而实践则是检验理论、发现问题并寻求解决方案的过程。通过案例分析、模拟教学、课堂观察等方式，教师可以将所学理论应用于实际教学中，提高教学效果。正如教育家约翰·杜威所言：“教育就是生活本身。”这句话深刻揭示了教育与实践之间的紧密联系。因此，教师培训不能仅仅停留在理论知识的传授上，更要注重引导教师将理论知识与实际教学相结合，通过实践来检验和完善所学的理论。

（二）课程模块与内容

1. 研修主题

本项目通过集中培训、跟岗研修、网络研修、总结论坛等形式，运用优质教学资源，重点帮助培养对象提高教育教学水平，提高核心素养与关键能力。针对班主任核心能力的“短板”，全面提升培养对象的班级建设能力、指导个体发展的能力、课程育人能力、家校共育协同能力及班主任工作科研课题主持与研究能力等，从而全面提高名班主任培养对象的综合素养。

各学期研修主题如图 6–1 所示。

第一学期研修主题：主题班会设计与实施。重点聚焦班主任对班会课的策划与实施，形成一份主题班会课方案。

第二学期研修主题：班级管理与文化建设。重点聚焦班主任对班级管理中的问题与经验梳理，以小组工作坊研修对班级管理改进开展专题研究，形成班级管理案例。

第三学期研修主题：班主任科研能力提升。重点聚焦班主任发现问题、研究问题、解决问题的能力，选择班级管理中的问题确定课题研究主题，形成课题研究计划。

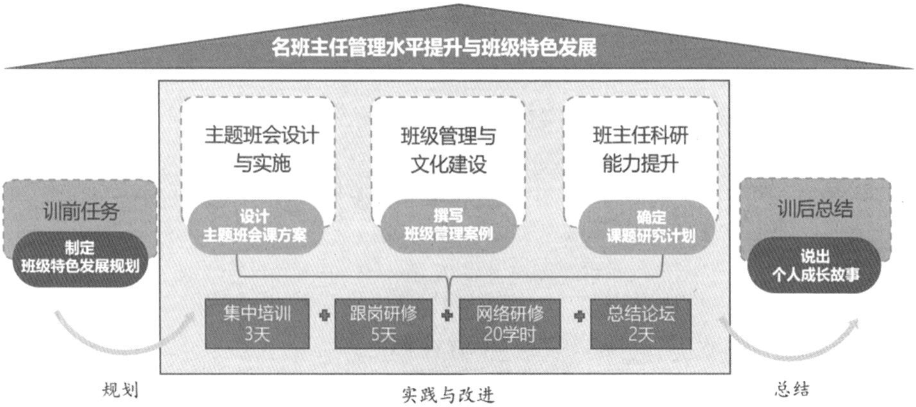

图 6–1　各学期研修主题

2. 课程安排

（1）第一学期：主题班会设计与实施

本地集中研修课表如表 6–3 所示。

表 6–3　主题班会设计与实施本地集中研修课表

日期	时间	主题	形式
第一天	上午	“双减”背景下主题班会的有效设计与实施	专题讲座
	下午	班主任育人策略和艺术	专题讲座

续表

日期	时间	主题	形式
第二天	上午	主题班会课程化思考与实践	专题讲座
	下午	情的体验，理的熏陶——如何让班会拨动心弦	专题讲座
第三天	上午	教育从心开始——如何开展学生心理健康教育	专题讲座
	下午	班主任专业成长路径	专题讲座

省内跟岗研修课表如表 6–4 所示。

表 6–4　主题班会设计与实施省内跟岗研修课表

培训日期	培训时间	培训主题 / 内容	形式
第一天	上午	1. 报到 2. 团队建设 3. 跟岗安排解读 4. 学习任务布置	团队建设
	下午	专题讲座：名班主任专业发展 经验分享：如何开展跟岗学习	专题讲座
第二天	上午	主题：学校文化熟悉 1. 参观校园环境 2. 学校领导做学校特色发展经验报告 主题：班会课与社团活动观摩 1. 观摩跟岗学校主题班会课 2. 班会课、社团活动设计解读及评课交流 3. 互动交流：班主任教研工作	实地学习
	下午	主题：导师经验分享与访谈 1. 导师班级管理艺术与班主任专业成长经验分享 2. 互动交流：围绕学生习惯培养、班级建设、沟通艺术、班级队伍建设、学生指导与评价、家校共育、课题研究等与导师交流	
第三天	上午	主题：全国文明校园创建经验与小学生养成教育 1. 参观校园环境 2. 主题分享：围绕学生行为规范管理、班级文化建设、班级日常管理策略等进行分享 3. 互动交流：学生综合素养评价	实地学习

续表

培训日期	培训时间	培训主题 / 内容	形式
第三天	下午	主题：学生生涯规划指导 1. 参观校园环境 2. 主题分享：围绕学校德育课程体系、学校德育工作亮点、学生生涯规划指导等进行分享 3. 互动交流：高中生生涯规划指导	实地学习
第四天	上午	名班主任工作室管理与建设	专题讲座
	下午	主题：美好班级建设	工作坊活动
第五天	上午	主题：学生心理健康辅导 1. 参观校园环境 2. 主题分享：围绕学生心理健康教育活动、学生心理疏导案例、主题班会、班级管理等进行分享 3. 互动交流：班级管理心得分享	实地学习
	下午	分小组围绕不同主题进行研讨及展示 1. 小组研讨：小组分别围绕班级文化建设、班级管理、学生指导、家校共育等问题进行研讨 2. 汇报展示：各小组派代表汇报本组研讨成果	小组研讨

（2）第二学期：班级管理与文化建设

本地集中研修课表如表 6–5 所示。

表 6–5 班级管理与文化建设本地集中研修课表

培训日期	培训时间	培训主题 / 内容	培训形式
第一天	上午	班级管理中的“三种思维”	专题讲座
	下午	主题班会，用“心”设计更有效	专题讲座
第二天	上午	可持续发展的班级主题文化建设	专题讲座
	下午	如何打造一个品牌班级	专题讲座
第三天	上午	做一个幸福快乐的班主任	专题讲座
	下午	1. 班级特色发展规划及建设经验分享 2. 专家点评指导 3. 专家微讲座	策略研讨

省内跟岗研修课表如表 6–6 所示。

表 6–6　班级管理与文化建设省内跟岗研修课表

培训日期	培训时间	培训主题 / 内容	形式
第一天	上午	研修方案解读	—
	下午	“树人”管理体系	专题讲座
第二天	上午	学校德育工作实践与探索	专题讲座
	下午	1. 参观学校，了解校园文化建设 2. 班会课观摩 3. 经验分享：聚焦班级管理、班级文化建设、主题班会、学生自主管理经验等分享 4. 经验交流：信息技术环境下班主任工作方式方法的转变	实地学习
第三天	上午	1. 班会课观摩：观摩学校班会课 2. 观看课间操，参观学校，了解校园文化建设 3. 一线班主任工作经验分享 4. 德育专题讲座《立德树人，科学发展》	实地学习
	下午	1. 参观学校，了解校园文化建设 2. 主题分享：学校德育工作管理体系构建 3. 班会课观摩：观摩学校班会课 4. 经验分享：聚焦班级管理、班级文化建设、主题班会、学生自主管理经验等分享 5. 经验交流：学生心理及情绪困扰问题的处理	实地学习
第四天	上午	1. 班级管理案例分享 2. 专家点评指导 3. 专家微讲座《做智慧型班主任》	主题活动
	下午	1. 微班会课展示（每个学段一位学员代表展示） 2. 专家点评指导 3. 专家微讲座	主题活动
第五天	上午	1. 观摩学校每日晨会和体育大课间 2. 观摩学校教师课堂教学 3. 少年讲校史，童声唤初心——小小校史讲解员讲校史 4. 主题讲座分享：学校德育、班主任及家校共育工作的思考与实践。	实地学习
	下午	各小组围绕主题“‘双减’背景下班级管理策略”进行研讨梳理	策略研讨

续表

培训日期	培训时间	培训主题 / 内容	形式
第六天	上午	学生心理问题的识别与干预策略	专题讲座
	下午	创建幸福班集体	专题讲座
第七天	上午	基于核心素养的班级主题文化构建	专题讲座
	下午	各小组自行组织研讨活动	小组研讨

（3）第三学期：班主任科研能力提升

本地集中研修课表如表 6–7 所示。

表 6–7　班主任科研能力提升本地集中研修课表

培训日期	培训时间	培训主题 / 内容	形式
第一天	上午	班本德育课程的建构与实施	专题讲座
	下午	班级品牌的建设和案例分析	专题讲座
第二天	上午	教育写作与专业成长	专题讲座
	下午	如何写好教育叙事故事	专题讲座
第三天	上午	课题选题与研究方法及德育创新成果提炼	专题讲座
	下午	班主任带班育人方略的提炼与案例分析	专题讲座

省外跟岗研修课表如表 6–8 所示。

表 6–8　班主任科研能力提升省外跟岗研修课表

培训日期	培训时间	培训主题 / 内容	形式
第一天	下午	1. 团队建设 2. 行程解读 3. 学习说明	
第二天	上午	“双减”背景下育人模式的变革	专题讲座
	下午	班主任工作中的心理学运用	专题讲座
第三天	上午	1. 经验分享：名班主任工作室主持人及成员分享 （1）《纸短情长，皆源于爱》 （2）《我们一起谈恋爱》 （3）《让学生在班级文化中快乐成长》 2. 班会课观摩：《自省自查——作业篇》 3. 参观学校，了解校园文化建设	实地学习
	下午	1. 参观学校，了解校园文化建设 2. 经验分享 （1）“礼赞引路人 躬耕学子心”主题班会 （2）《学生常见心理问题及其应对措施》 3. 参加学校班主任节启动仪式	实地学习

续表

培训日期	培训时间	培训主题 / 内容	形式
第四天	上午	中小学教科研的“行”与“思”——德育课题选题与方案设计	专题讲座
	下午	带班育人方略的凝练与思考	专题讲座
第五天	上午	基本功大赛助力班主任专业化发展	专题讲座
	下午	1. 参观学校，了解校园文化建设 2. 主题分享：德育处主任关于学校德育工作管理体系构建的分享 3. 经验分享：金旖楠《怎样建设有特色的班级文化》	实地学习
第六天	上午	1. 参观学校，了解校园文化建设 2. 主题分享：学校德育工作管理体系构建 3. 经验分享：聚焦班级管理、班级文化建设经验等分享 4. 互动交流	实地学习
	下午	开展“聚焦班风建设，分享管理智慧”研讨会	主题活动
第七天	上午	梳理此次培训学习心得，各小组代表分享学习心得	小组分享

（4）网络研修课表如表 6–9 所示。

表 6–9　网络研修课表

学期	研修主题	课程内容	学时
第一学期	师德修养	教师大计，师德为本	1
		析师德，人之模范重修道	2
	《中小学德育工作指南》解读	《中小学德育工作指南》总体导读	2
	班主任专业成长	从教学走向教育	2
		从视线走向视野	2
	班队活动组织	如何开展校外班级活动	2
		如何开展校内班级活动	2
		如何开好体验式班会	2
		如何开好开放式班会	1
		少先队入队仪式	2
	德育活动实施	我是“烹饪大师”——劳动教育活动	2
		人人都是“护花使者”——审美教育活动	2
		研讨京剧兴衰，弘扬民族文化	2
		节俭从我做起	2
		责任——动感的青春	2

续表

学期	研修主题	课程内容	学时
第二学期	家校共育	跳好家校沟通圆舞曲	2
		让家校沟通因主动而顺畅愉悦	2
		共情，叩开科任教师心门	2
	心理辅导	中小学生心理健康标准	2
		小学心理辅导班会课的主题与实践指导	2
		初中心理辅导班会课的主题与实践指导	2
		高中生心理发展特点与心理健康教育	3
	课程育人	培养核心素养的学科教学	2
	文化育人	微信朋友圈，展现班主任人格魅力的“大舞台”	2
		将虚拟红包用到班级管理中来	2
		文化有根——传承与发展的统一	1
		文化有魂——价值与行为的统一	1
		文化有品——道德与制度的互补	1
		文化有品——讲故事，寓哲理	1
		文化有品——叙事件，书历史	1
		文化有品——重细节，养品行	1
第三学期	教育科研	研究：教师的生活方式	1
		教师研究重难点：思维和意识	1
		教师研究重难点：问题发现例谈	1
		教师研究重难点：行动研究例谈	1
		教师研究重难点：案例研究例谈	1
		如何开展微型课题研究	4
		教育科研为何而做	1
		如何选题——如何确定课题	1
		如何选题——如何撰写课题申报书	1
		如何开题——如何进行课题论证	1
		如何开题——如何撰写开题报告	1
		如何进行课题实施——研究方式与研究方法	1
		如何进行课题实施——研究计划与记录资料	1
		教育论文的实质与题目的确定	1
		教育论文的具体撰写方法及注意事项	1
		如何完美收官	1
		教育叙事与教师教学研究	8

（三）培训形式

为提升培训效果，根据教师培训需求分析，本项目采用专题讲座、实地学习、小组研讨以及远程学习等形式进行。

1. 专题讲座

聚焦特定主题，深化专业知识，更新教育观念，促进教育创新。邀请省内外专家学者举办讲座或主持研讨会，使学员能够接触到最新的教育理论和研究成果，了解教育教学的最新动态，具有较高的互动性，教师可以与专家进行交流和讨论，拓宽视野。

2. 实地学习

深化理解体验，激励教学创新，增强教学自信，促进教师交流。实地学习使教师能够亲身参与到真实的教学环境中，观察和体验实际的教学活动。这种亲身体验有助于教师更深入地理解和掌握知识在实际教学中的运用，从而更好地把握教学的本质和规律。通过观摩其他教师的课堂教学，教师可以直观地看到优秀的教学方法和技巧，以及如何处理教学中的各种问题和挑战。这种直观的学习经验对于教师来说是非常宝贵的。

3. 小组研讨

深化学习理解，分享借鉴经验，培养团队精神，促进个人成长。小组研讨的形式允许教师围绕特定的主题或问题进行深入讨论。在互动中，教师能够更深入地理解和掌握知识，尤其是那些复杂或抽象的教育理论。通过小组内的讨论和分享，教师们能够相互启发，共同提高。小组研讨强调团队合作和集体智慧。在研讨过程中，教师需要与团队成员密切合作，共同解决问题。这种合作模式有助于培养教师的合作精神和团队意识，使他们更好地适应未来教育教学的需要。

4. 远程学习

打破时空限制，共享学习资源，融合教育技术，提高培训效率。传统的教师培训往往需要在特定的时间和地点进行，这给教师带来了很大的不便。而远程教育学习打破了这种限制，使得教师可以在任何时间、任何地点进行学习。这种灵活性不仅节约了教师的时间和交通成本，也使他们能够更自由地安排自己的学习进度，从而更好地平衡工作和学习的关系。远程教育学习通过互联网技术提供了丰富多样的学习资源，包括在线课程、教学视频、电子书籍、在线论坛等。这些资源涵盖了教育教学的各个方面，为教师提供了广泛的学习选择。同时，这些资源还可以根据教师的个人兴趣和需求进行定制，满足教师的个性化学习需求。

三、实施过程

以“分阶段、模块化”的方式推进培训项目，重点突出集中研修、跟岗研修、网络研修、总结提升四方面的内容。各阶段相互贯通、相互连接，形成合力，发挥培训的最大作用。

（一）第一阶段：主题集中研修阶段

1. 集中研修模块包括：

（1）核心理论素养（专业知识、专业技能等岗位知识）提升；

（2）主题式理论研修（围绕班主任关心的共同主题开展研修）；

（3）专项研修（问题导向式研修，以科研能力提升为主的研修）。

2. 跟岗研修模块包括：省内外跟岗（跟岗式研修，围绕学生行为规范管理、班级文化建设、班级日常管理策略等以学用转化能力提升为主的研修）。

（二）第二阶段：实践性学习阶段——让培养对象在岗位实践和同伴互助中成长

1. 岗位研修模块：在行动研究中学习（班级德育工作改进行动，总结与反思）。

2. 网络研修模块：通过线上工作坊，同学段的名班主任培养对象开展网络研修，由小组长对网络学习进行引领。

（三）第三阶段：总结提升

1. 搭建班主任频道，组建线上班主任发展共同体。

2. 围绕学期阶段培训开展总结，发挥引领示范（包括工作经验的概括与提炼）作用。

四、培训效果

（一）成果产出

本次研修在项目组的精心设计下，为了让参训学员安心投入到研修学习中，不错过每一次专题讲座和实地交流机会，特布置了分小组任务，即以小组为单位，组员分工合作，记录研修过程，生成小组美篇进行宣传报道。同时，为保证培训效果，每次培训结束后学员根据当期所学提交个人学习作业，每个学员均提交班级特色发展规划、主题班会方案、班级管理案例、班主任课题研究计划、个人成长故事等作业。经过培养，共 4 名学员成长为县区级名班主任工作室主持人，共 2 名学员成长为地级市名班主任工作室主持人，共 2 名学员成长为广东省中小学“百千万人才培养工程”省级培养项目培养学员。

（二）满意度调查

本次培训达成了既定目标，圆满完成了培训任务。基于“学员满意度调查”的分析发现，在“项目的总体评价、对本次培训教务管理工作的满意程度”等指标方面均获得 100% 满意。学员们普遍反映，本次培训内容丰富而充实，具有针对性，授课专家整体水平高，在专业发展上有很大收获。

（三）学员心得节选

学员 1：今天的讲座是我参加过的收获最大、指导性最强、专业性最强的心理健康教育培训。讲座一开始，温老师便直入主题，从如何界定、如何发现、如何应对三个方面，用浅显易懂的语言，细致讲解了校园心理危机学生的症状及干预方法，并结合实例，帮助老师更好地了解学生常见的心理问题以及需要重点关注的学生群体。这是一次非常专业的培训，能够使我们更有计划、有目的地帮助学生更好地了解自己、保护自己，以积极的心态、健康的人格面对学习和生活，享受阳光，健康成长。

学员 2：本次培训讲座最大的特点就是实用。在当前教育的大环境下，学生心理健康问题尤其突出。作为一线班主任，了解如何识别和预防学生的心理问题，特别是如何处理和应对学生的心理危机，是有很大的现实意义和价值的。专家的讲座指出了学生常见心理问题，如偷窃、说谎、逃学、多动、抑郁等，产生的可能原因及规范、专业的对策。通过聆听专家的讲座，老师们豁然开朗，学会了更多的专业知识和处理方法，为今后的教育工作提供了更多参考。

学员 3：授课专家余老师在讲座伊始，讲了自己如何从祖父身上获得力量从而健康成长的故事。余老师认为，叙事治疗法很适合运用在班会课上，帮助孩子获得力量发展自己的主线故事。她建议我们要珍惜学习机会，没有机会就创造机会，技多不压身。多年来，她考了许多证，如家庭教育指导师证、儿童情商师证、心理治疗师证等等。余老师的成长故事为我打开了一扇窗，我要以她为榜样，坚持学习，坚持研究，早日做出班级品牌。余老师还说："我们不是优秀了才开始，而是开始了才优秀。"这句话激励我许久，与君共勉。

第三节　江门市中学校长领导力培训

中学校长领导力是江门市教育管理干部培训的重要构成部分，也是江门市打造高质量教师培训体系的重要一环。

一、项目背景

随着《中国教育现代化 2035》《加快推进教育现代化实施方案（2018－2022 年）》等一系列国家及省级教育政策文件的发布与实施，教育领域的现代化与专业化改革已成为教育发展的主旋律，特别是《义务教育学校校长专业标准》的出台，进一步明确了校长在学校发展中的核心地位和作用，也对校长的专业素养和管理能力提出了更高要求。

在中共中央国务院《关于深化教育教学改革全面提高义务教育质量的意见》和《关于新时代推进普通高中育人方式改革的指导意见》的指引下，针对当前教育发展的新趋势和江门市教育发展的实际需求，中学校长作为学校发展的引领者，其领导力与特色学校建设能力对于推动学校管理的改革与创新、提升教育质量具有至关重要的作用。

为此，结合《广东省教师队伍建设“十三五”规划》和《广东省“强师工程”实施方案（2017—2020）》等文件精神，江门市启动“中学校长领导力与特色学校建设专题培训项目”。旨在通过系统的培训，全面提升江门市中学校长的领导力与特色学校建设能力，打造一支高素质、专业化、创新型的校长队伍，为江门市中学教育的持续健康发展提供有力保障。同时，该项目也将结合江门市教育发展的实际需求，推动学校管理的改革与创新，为培养更多优秀人才贡献智慧和力量。

二、培训方案

（一）指导思想与理念

江门市中学校长领导力与特色学校建设专题培训项目紧跟国家教育政策导向，以推动江门市中学教育高质量发展为核心，致力于培养具备现代化教育视野、专业化管理能力和创新精神的校长队伍。

坚持“以人为本”的教育理念，强化校长的领导力培养和特色学校建设意识，通过系统化、专业化的培训，提升校长的综合素质和管理水平，推动学校管理的科学化、精细化、特色化，进而实现学生全面而有个性的发展。

本项目秉承“创新、协作、共享、发展”的价值观。首先，鼓励校长们勇于创新，敢于突破传统管理模式，积极探索符合时代要求的教育方法和路径。其次，注重团队协作，通过集体学习和交流研讨，分享成功经验，共同解决问题，形成教育合力。同时，倡导资源共享，充分利用各类教育资源，为校长们提供更多的学习机会和发展空间。最后，坚持发展导向，以学校、学生和社会的全面发展为最终目标，推动校长队伍和学校教育事业的持续进步。

通过本项目的实施，努力打造一支具备现代化教育理念和专业化管理能力的校长队伍，为江门市中学教育的改革与发展提供坚实的智力支持和人才保障。

本次研修围绕“学校特色挖掘与学校内涵发展”主题，设置宏观与微观两个维度、七个课程模块，其中宏观层面关注政策与理念更新，微观层面关注制度与体系重构、组织与实施方法。两个维度七个模块既覆盖了特色学校发展过程中校长关注的热点、难点问题，同时又呈现了学校转型发展的思路与方法。具体设计框架如图 6-2 所示。

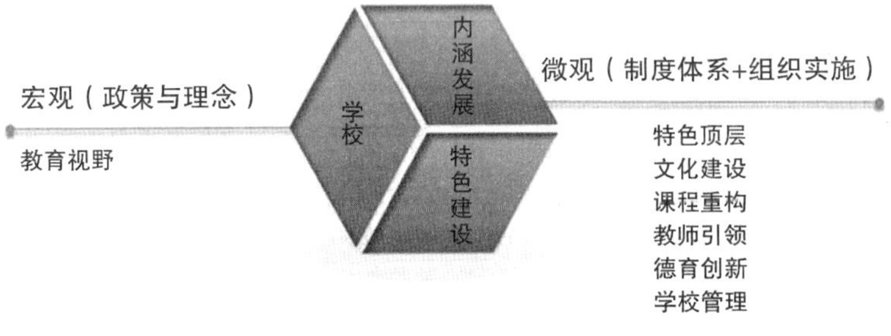

图 6-2 中学校长领导力培训的两个维度七个模块

（二）课程模块与内容

以学校内涵发展与特色学校建设为核心，结合当前中学校长如何挖掘本校特色需求，深入理解特色学校内涵发展理论，学习深圳初中、高中特色打造的实践案例，拓宽校长的思维和视野，帮助初中、高中校长寻求学校可持续发展的支点和动力，探索学校特色建设的路径和方法，促进义务教育均衡发展和城乡教育协调发展。通过聆听专家前沿教育理论讲座，帮助学员把握教育发展的最新动态，思考和明晰教育发展新时期新形势下校长的使命和责任。课程聚焦校长创办特色学校的实际问题，厘清办学治校的需求，提高分析问题和解决问题的能力。通过专家的指导性讲解，学习深圳初中、高中学校在学校管理改革中的经验和做法，在理论和实践方面多角度、全方位地获得可借鉴的经验及启示，并在学校建设中付诸实践，促进学校内涵发展。专题培训如表 6–10 所示。

表 6–10　江门市中学校长领导力与特色学校建设专题培训

时间		课程模块	课程安排	培训形式
第一天	上午	开班仪式	1. 开班典礼 2. 破冰活动	团队建设
	下午	课程重构	新高考下高中课程与教学价值的再认识	专题讲座
第二天	上午	课程重构	特色学校交流——高中课程重构 1. 校园参观，了解学校文化建设 2. 专题分享：特色学校的创建与课程重构 3. 互动交流：分层分类有效教学的设计与实施	学校参访
	下午	学校管理	学校信息化建设	专题讲座
第三天	上午	学校管理	校长领导力	专题讲座
	下午		学校自主教育管理经验	专题讲座
第四天	上午	德育创新	特色学校交流——用德育引领学习 1. 参观校园，了解学校文化建设 2. 专题分享：学校德育定位与德育体系构建 3. 互动交流：新时代学生综合素养评价与实施办法	学校参访
	下午	文化建设	特色学校交流——校园文化打造 1. 参观校园，了解学校文化建设 2. 专题分享：学校品牌的建设与特色校园文化打造 3. 互动交流：校园文化建设推进策略	学校参访

续表

时间		课程模块	课程安排	培训形式
第五天	上午	课程重构	学校课程建设与实施	专题讲座
	下午	总结汇报	1. 分组汇报培训收获 2. 颁发结业证书	小组汇报

（三）培训形式

为提升培训效果，根据校长培训需求分析，本项目采取专题讲座、学校参访、策略研讨等多种学习方式，同时渗透体验式、参与式等培训新理念。

1. 专题讲座

在培训开始前，进行学员需求调研，根据学员的实际需求选定专题，通过专家引领、专题解读、系统建构，深化学员对相关领域的认识。

2. 学校参访

针对学员的发展需求和培训中存在的问题，深入特色学校建设实践经验卓有成效的案例学校开展对口交流、学习。在情境中体验和学习特色学校构建策略。

3. 策略研讨

组建共同体，围绕核心任务，在专家引领下深度参与，从而形成对相关主题的深入理解与自主建构。

三、实施过程

（一）理论学习

1. 点面结合，课程与教学方式重构的理论与应用实践探讨

聚焦新课标下的课程重构，研究新高考下课程与教学方式改革实践的应用。组织题为《新高考下高中课程与教学价值的再认识》的讲座，由长期工作于一线的龚老师给培训班学员开讲座，通过点面结合，依托翔实的数据、生动的案例，由浅入深地解析了学科素养的设计逻辑，重新定义“高考的指向作用”。从国家对人才的需求讲起，深度剖析人才培养的方向和选拔重点，进而对高中课程改革和教学改革的重要性和实施途径进行详尽的讲解，为学员们拨开迷雾，深化学员们对新高考改革的认识，指明了教师在教育教学改革实践中

努力的方向。“我们要培养什么样的人？”“如何培养？”围绕这两个核心问题，龚老师指出“人才的分化从高中开始”。高中课程指向学生全面而有个性的发展，是为学生能适应社会生活、高等教育和学业发展而准备的，只有深入解读学科核心素养，合理规划不同学段的教育教学目标，才能做出全方面的设计并有效施行，进而取得理想的教育效果，满足社会对人才的需要。

2. 多维推进，数字化背景下教育应用实践探讨

聚焦数字化与学科融合的课程重构，组织智能教育下学校与教师的实践应用探讨，由陈老师给学员做讲座。讲座要点有：

第一，未来学校——“学校 + 云校”相结合的模式畅想。通过大数据处理学生个体智慧与教师群体智慧的关系，教师的素质必然带动学生的高素质。

第二，参访学校“三龙一中心”优势分析，以智能教育“互联网 +”为“智能 +”作为龙华教育的新赛道，分析龙华区近年智能教育的实践，智能教育下学校、教师、学习方面等人机协作（即学会使用智能工具）方向。教师的角色要从传授知识者变成共同学习者，帮助学生掌握教师不具备的知识，从而达到云端学习与自身学习、自身实践相结合的智能学习。

第三，学习方式的创新实践。基于学习分析的掌握式学习、情境的体验式学习、问题的探究式学习、项目的创造性学习与社群的开放性学习等学习方式的多样性实施智能化重构。实施从自主性建构到群体性生成，再到社会化实践的行动，开展从认识到创新机制推动创新实践，促进教育智能体与智能学习跨界融合、众创共享。

3. 聚焦课堂，四心合一校园文化课例实践应用探讨

组织《教学反思与校园文化的最佳集成方式》课堂观摩。四心合一校园文化的追求，得经典初心，合时代新心，与青春学生以心印心，与生活和鸣会心。通过实际案例，生动活泼地引导学生有初心才有信念，有新心才能致用，能印心才入佳境，有会心才有快乐。

4. 聚焦师能，教师专业发展促进教学改革的实践应用探讨

组织《新高考背景下的课程建设逻辑和育人方式转变》讲座。让新高考背

景下课程改革的核心是课堂变革、课堂变革的核心是教师专业发展成为共识。教师发展就是学校发展的核心，提出课程改革、教学改革应与教师专业发展联动，提升教师的课程开发力、课程实施能力和教学研究能力培训策略，引导教师形成教学研究团队和课程研究团队。

（二）学校参访

1. 环境观察，校园文化建设实践

首先，组织参观深圳市最大规模的全寄宿制公办重点高中。体会学校办学理念与学校文化建设从顶层设计到具体落实的思想方法，感悟校园文化的领导力，从校园的建设到新技术设施设备选择彰显“先行先试，敢为人先”的特区精神的完美结合。体验该校校园电视台、演播制作中心、食堂点餐 APP、教工之家、体育馆、教师备课中心的创新形式，感悟学校在新课改的大背景下建构契合学生和教师发展的文化环境的重要性。

其次，组织参观华中师范大学 LG 附属中学，交流学校在日常管理中遇到的各种问题与解决方案。学习“新时代背景下校长核心领导力的思考”主题课程，讨论“以身作则、共启愿景、挑战现状、使众人行、激励人心”五种提升领导力的习惯行为，以期提升学员文化建设领导力。

2. 课堂观察，精细化管理实践

深入课堂，了解 LC 高级中学的课程实施管理全校一盘棋及三年一局棋的规划，感悟 LC 高中“多维度评价教师教学效果”体系在教师的教育教学水平提升应用实践的成效，感悟精细化管理的领导力。主要表现为：

一是责任制建设引领，明确处室分工，落实部门、年级执行，各司其职。

二是建立行动路线图跟踪，明确学校行政干部工作任务，为青年干部搭平台压担子，并组织行政干部深入课堂观察。

三是建立级间帮扶关系，形成团队文化，组织深入班级系列服务师生行动，消除各部门和各年级之间的工作壁垒。

3. 课程观察，课程实施实践

一是特色课程建设探讨。组织参观深圳市 HG 高级中学，体会学校课程建设从顶层设计到特色建设的行动方略，感悟特色课程建设的领导力。学习“建立学生发展指导制度，全力推进新时期普通高中育人模式改革”实战案例，研讨学校以“博爱横高，多元发展”为发展理念，以“励志敦品，博爱厚学”为校训，把“练立地之功，育博爱之人”作为育人目标，形成了“志愿先锋校”“课改先行校”“多元成才校”“博雅平安校”四大特色的借鉴经验。

二是课程实施探讨。组织参观深圳 YC 中学，体会学校课程实施的具体措施，感悟课程实施的领导力。聚焦 YC 中学“新优才计划”的实践与展望，研讨该校阳光校园、师资发展与学生特长发展的教育改革创新做法。

四、培训效果

（一）培训产出成果丰富

通过培训，深入理解特色学校内涵发展理论，学习深圳高中特色打造的实践案例，拓宽校长的思维和视野，探索学校特色建设的路径和方法。

（二）学员学习体验良好

基于“学员满意度调查”的分析发现，在“项目的整体满意度、对本次培训教务管理工作的满意程度”等指标方面均获得较高评价。学员们普遍反映本次培训活动丰富、内容具有针对性、授课专家水平高、研修任务有深度，极大地帮助了自己专业的发展。

参训学员李校长表示：“能到深圳发达地区的学校学习特色学校的建设大开眼界，开阔视野，收获满满。学校发展需要校长全面把握新时代对教育的要求，同时，必须在制度建设和课程发展上大力改革，才能促进学校的发展。

参训学员陈校长表示：“聆听专家的办学理念和校长领导力提升的有关理论，促进了自己办学的水平和能力。学校发展需要校长全面把握新时代对教育的要求，同时，必须在制度建设和课程发展上大力改革，才能促进学校的发展。”

参训学员张校长表示：“通过培训，在学校管理和高考改革方面收获满满的，现场教学既可身临其境感受，也可与学校领导、老师交流，加深了对新时期育人方式理念的了解，特区教育确实体现了先行先试，敢为人先的精神。”

第四节 江门市名校（园）长培养项目

一、项目背景

为贯彻落实《中共广东省委 广东省人民政府关于全面深化新时代教师队伍建设改革的实施意见》（粤发〔2018〕25 号）精神，进一步加强江门市中小学名校长队伍建设，根据国家、省、市中长期教育改革与发展规划纲要要求，结合江门市中小学校（园）长队伍建设与发展的实际，特制定名校（园）长培养工程实施方案。

（一）调研与分析

1. 中小学校长专业能力培训内容需求

从调研数据可以看出，中小学校长比较希望了解的培训内容有教师队伍建设、学校文化建设、教师激励机制建设、德育体系建设、教学质量评价、校园安全管理等六方面，有超过 85% 的校长选择了“非常需要”和“比较需要”，前两项的需求甚至超过了 90%。2018 年需求调研分析如图 6–3 所示。

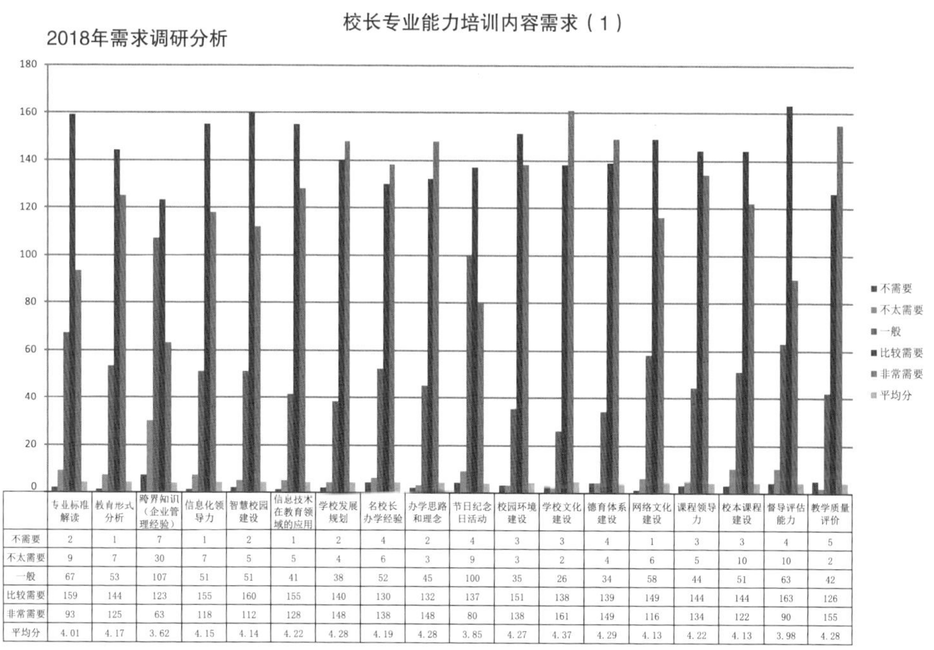

	专业标准解读	教育形式分析	跨界知识（企业管理经验）	信息化领导力	智慧校园建设	信息技术在教育领域的应用	学校发展规划	名校长办学经验	办学思路和理念	节日纪念日活动	校园环境建设	学校文化建设	德育体系建设	网络文化建设	课程领导力	校本课程建设	督导评估能力	教学质量评价
不需要	2	1	7	1	2	1	2	4	2	4	3	3	4	1	3	3	4	5
不太需要	9	7	30	7	5	5	4	6	3	9	3	2	4	6	5	10	10	2
一般	67	53	107	51	51	41	38	52	45	100	35	26	34	58	44	51	63	42
比较需要	159	144	123	155	160	155	140	130	132	137	151	138	139	149	144	144	163	126
非常需要	93	125	63	118	112	128	148	138	148	80	138	161	149	116	134	122	90	155
平均分	4.01	4.17	3.62	4.15	4.14	4.22	4.28	4.19	4.28	3.85	4.27	4.37	4.29	4.13	4.22	4.13	3.98	4.28

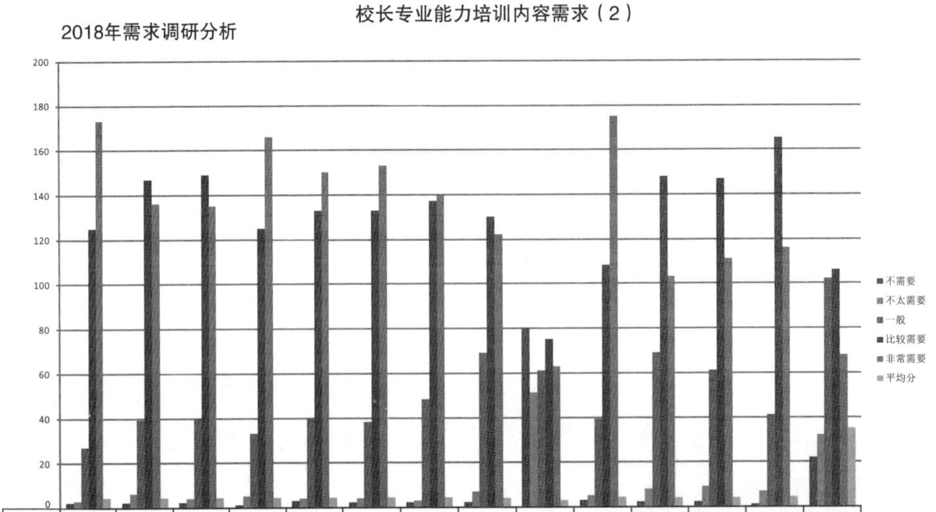

	教师队伍建设	校本教研建设	教师专业发展机制建设	教师激励机制建设	德育管理	学生管理	中层干部管理	人财物管理	寄宿管理	校园安全管理	家长委员会的统筹管理	校内外合作交流	家长合作机制建设	校企合作机制建设
不需要	2	2	2	1	3	2	2	2	80	3	2	2	1	22
不太需要	3	6	4	5	4	4	3	7	51	5	8	9	7	32
一般	27	39	40	33	40	38	48	69	61	39	69	61	41	102
比较需要	125	147	149	125	133	133	137	130	75	108	148	147	165	106
非常需要	173	136	135	166	150	153	140	122	63	175	103	111	116	68
平均分	4.41	4.24	4.25	4.36	4.28	4.31	4.24	4.1	2.97	4.35	4.04	4.08	4.18	35

图 6-3　2018 年需求调研分析

2. 中小学校长的职责与专业能力调研

在与校长专业标准进行对比后，大部分校长认为自己能胜任校长这一角色，但是一些校长在规划学校发展、领导课程教学、调适外部环境方面仍需加强。统计结果如图 6-4 所示。

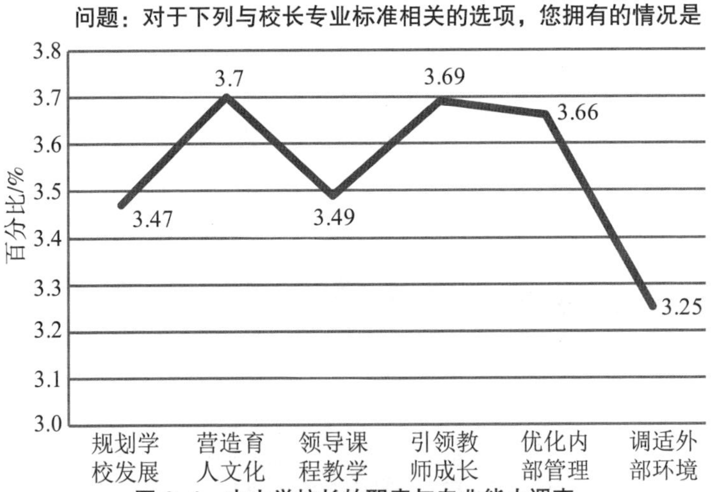

图 6-4　中小学校长的职责与专业能力调查

（二）问题与挑战

1. 校长实施学校管理遇到的四个问题

（1）提质难的问题。校长课程领导力不足及促进教师专业发展的培养策略欠缺。

（2）评价难的问题。学生综合素质评价数据采集难，大数据支撑学生、教师及学校评价应用不足，以及评价诊断结果运用不足。

（3）组织难的问题。团队组织管理知识不足及团队合作、激励、共享的策略技能不足。

（4）文化薄的问题。学校文化建设理念陈旧、内涵不足，文化育人特色不鲜明。

2. 面临教育改革的三大挑战

（1）新教材改革的挑战。新教材改革对教师提出了更高的要求，需要教师在教学理念、教学方法、评价方式等方面进行深刻的变革，以适应新时代教育的发展需求。

（2）新高考改革的挑战。新高考改革旨在建立更加公平、科学、合理的考试招生制度，促进学生的全面发展。这对教师、学生和学校都提出了新的挑战，同时也提供了新的机遇。

（3）教育评价改革的挑战。要破除“五唯”倾向，建立多元化评价体系，涵盖学生、教师、学校和教育行政部门的多维度评价，促进学生全面发展，教育评价改革应更加注重学生的综合素质、创新能力和实践技能，而非仅仅侧重于学术成绩。

基于调研与分析，问题与挑战的系列研究，清晰定位江门市名校（园）长培养实施方式的指向，精准选择名校（园）长培养课程模块与内容的核心。

二、培训方案

（一）设计理念

理论指导：杰克·梅兹罗（Jack Mezirow）的转化学习理论应用

杰克·梅兹罗认为成人与儿童学习的主要区别在于参照框架的不同，参照框架由一些固定的假设或期待（心智习惯、意义观点、思维定式）构成。他提出的转化学习理论，通过触发事件、批判性反思、理性对话及重新整合等流程形成新的参照框架，从而实现行为和态度的转变，为提高培训效果提供策略依据，如图 6–5 所示。

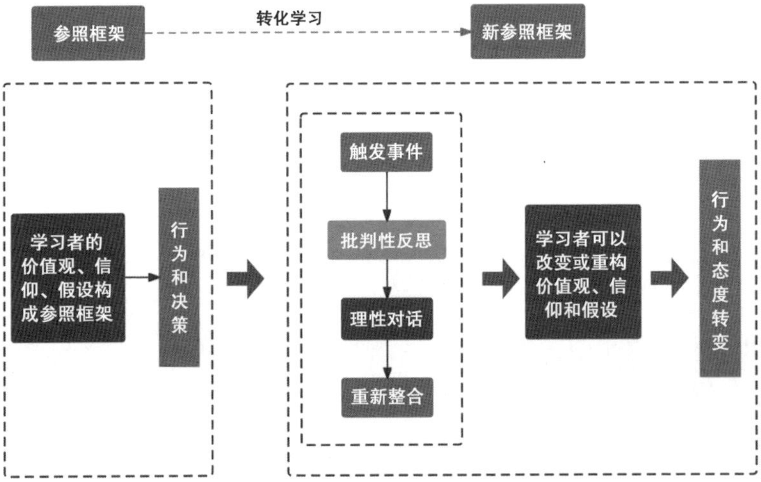

图 6–5　转化学习理论

（二）指导思想

本项目以习近平新时代中国特色社会主义思想为指导，根据《中共中央国务院关于全面深化新时代教师队伍建设改革的意见》中“加强中小学校长队伍建设，努力造就一支政治过硬、品德高尚、业务精湛、治校有方的校长队伍。面向全体中小学校长，加大培训力度，提升校长办学治校能力，打造高品质学校”文件精神，结合江门市中小学校长队伍建设与发展的实际，以“校长领导力提升与学校优质发展”为主题，培养一批具有卓越领导力，办出优质名校的名校长。

（三）培养目标

本培养方案以“校长领导力提升与学校优质发展”为主题，旨在培养一批具有卓越领导力，能办出优质名校的名校长群体。

1. 提升校长领导力

促进并帮助培养对象提升校长自身领导力，使其成为品德高尚，具有改革创新精神、办学思想先进、善管理勤研究的校长。

2. 推动学校持续改进

促进并帮助培养对象所在学校依据自身实际，形成学校独特有效的办学理念和办学模式，全面推动学校发展，成为江门市推进素质教育的典型。

3. 彰显品牌和示范效应

扩大校长及学校的影响力和美誉度，使之成为校长群体的领军人物，带动区域教育高质量发展。

（四）课程模块与内容

1. 聚焦挑战（触发事件）：理论研修 12 天

理论研修内容如表 6-11 所示。

表 6-11　理论研修内容

维度		模块	专题	内容要点	五结合	学时
集中理论研修（12天）	专业理念	团队建设与专业理念	团队建设	团队建设与管理	参与式活动	3
			《义务教育学校校长专业标准》解读	标准理念、内容、实施要求及指导管理	理论讲座	3
		办学理念	办学思想与质量素养	个案剖析治校办学的理念与操作	讲座 + 案例	3
	专业知识	法制教育	学生管理的法律限度	依法治校在学生管理工作中的融入——典型案例	讲座 + 案例	3
		信息技术	信息技术推动的学校发展与教学创新	信息技术下的学校变革——理念与实践	理论讲座	3
		教育领导	校长领导力	校长领导力的变革与要求	理论讲座	3
		教育领导	《校长领导力提升目标责任书》写作指导	方法指导	理论讲座	3
		教育领导	《我的领导力 SWOT 分析报告》写作指导	方法指导	理论讲座	3
	—	—	广东名校巡访	走进广东名校现场，体验名校发展与文化特质	名校观察	9
	专业能力	学校规划	学校发展规划的制定与实施	学校规划的要素、重点及实施策略	讲座 + 案例	3
		学校品牌	学校特色建设	品牌建设的要点与策略	讲座 + 案例	3
		危机管理	危机管理认知与能力培养	危机管理的理念与行为	讲座 + 案例	3

续表

维度		模块	专题	内容要点	五结合	学时
集中理论研修（12天）	专业能力	学生管理	学生心理特点与教育策略	儿童、青少年教育	讲座＋案例	3
		教师成长	为教师谋长远发展	塑造教师成长文化、理念与行为	讲座＋案例	3
		课程·课堂·课题	生态教学课堂回归教育本真	新课程改革实施探索经验、课堂展示、效果分析	讲座＋案例	6
			东庐教学改革	东庐理念与策略——典型案例	讲座＋案例	6
	—	—	教育科研论文的写作与个性化指导	方法指导	理论讲座	6
	—	—	课题引领与教师发展	校本教研与教师专业发展的关系、方法与建议	讲座＋案例	6
第一维度任务布置及要求				形成1份《名校长领导力提升目标责任书》		
				形成1份《我的领导力SWOT分析报告》		

2. 实践应用（批判性反思）：跟岗研修14天

跟岗研修内容如表6–12所示。

表6–12　跟岗研修内容

维度	专题	内容要点	五结合	学时
跟岗研修（14天）	如何观察与学习一所学校	校长跟岗学习理论与实践	理论讲座	6
	广东省校长工作室跟岗研修	“影子”策略，全程跟踪工作室主持人的管理与领导，交流学习、反思差异	跟岗学习	30
	省外优质学校跟岗研修	分组赴优秀中小学跟岗学习	跟岗学习	36
	校长论坛——智慧共享，思路开拓	成果反思、总结与分享	问题研讨 总结提升	12
第二维度任务布置及要求		形成2份《跟岗学习报告》		

3. 交流沟通（理性对话）：合作研究4天

合作研究内容如表6–13所示。

表 6-13 合作研究内容

维度	专题和内容要点	五结合	学时
合作研究（4 天）	研修共同体的建立与实现	导师引领个人研修	6
	教育科研的规范 结果呈现：论文公开发表		18
第三维度任务布置及要求	1 份公开发表的教育管理类论文或专著成果		

4. 改进发展（重新整合）：岗位行动研究 15 天

岗位行动研究内容如表 6-14 所示。

表 6-14 岗位行动研究内容

维度	专题和内容要点	五结合	学时
岗位行动研究（15 天）	导师个性化指导，个人领导力提升重点与自我修炼	理论研修行动研究	78
	以诊断形式分组进校，促进学校改进与发展		12
第四维度任务布置及要求	形成 1 份《学校发展诊断报告》		

5. 迁移应用：示范带学 5 天

示范带学内容如表 6-15 所示。

表 6-15 示范带学内容

维度	专题和内容要点	五结合	学时
示范带学（5 天）	办学思想 / 模式研讨会	研修提升示范辐射	12
	市内外巡访讲学		12
	校长及学校品牌策划与管理实践		6
第五维度任务布置及要求	形成 1 份办学思想研讨会会议资料		

（四）培训形式

为提升培训效果，根据教师培训需求分析，本项目主要采取“五结合五阶段”的方式进行。“五结合”是指理论研修与行动研究相结合：既要提高培养对象教育管理理论水平，又要与教育管理实践工作紧密结合，做到学以致用。导师引领与个人研修相结合：为每位培养对象配备导师，导师在培养全过程加强对培养对象的指导、教学和示范。脱产学习与岗位研修相结合：培养对象既要集中到培养院校进行短期脱产培训，也要在平时教育教学岗位上进行在职学习、反思、总结和提高。名师带学与同伴互助相结合：既充分利用校长工作室的优质平台，又积极发挥同伴学习的智慧分享。研修提升与示范辐射相结合：培养对象通过参加培养工程要实现个人专业发展和在当地发挥示范引领、带动其他教师共同成长的积极作用。

"五阶段"是指集中理论研修阶段，跟岗研修阶段、岗位行动研究阶段，示范带学阶段，合作研究阶段。上述五阶段在培养过程中穿插进行、合理衔接、相互促进。

三、实施过程

（一）项目实施前期——充分调研，精心筹备

项目启动前期的工作重点是确定培训主题，组建优秀的培训团队和管理团队，确定切合实际的培训内容和科学合理的培训方式。

1. 严格遴选专家，组建培训团队

专家遴选充分考虑了大学教育专家、中小学优秀校长和一线名师的合理搭配，形成由教授、正高级教师、教育部"校长国培计划"专家等组成的培训专家团队。

2. 营造交流环境，开展暖心行动

培训团队坚持每日在班级群与学员互动，为学员解答各项培训事宜，及时分享优质教育资源，全力做好生活服务，做到"人未谋面，心已拉近"。

（二）集中培训阶段——知行合一，优化管理

集中培训阶段的工作重点是落实培训课程。同时加强班级管理与学习目标管理，确保培训目标达成。

1. 落实培训课程

根据学员培训需求，结合中小学校长面临的重点问题，如办学理念、依法治校、文化建设、校本研修、课程领导力等重点开设丰富多样的课程。一方面为导师与学员提供深度沟通机会，征集学员在实施教育教学、学校管理过程中遇到的难题，每节课后安排对话活动，并组织学员反思总结。另一方面为导师与学员提供感悟分享机会，每节课后组织学员谈感想悟管理，分享导师精彩

演绎，借鉴案例推进学校内涵发展思路。

2. 强化班级管理

一是强化日常管理。落实请假制度，确保到课率。

二是开展形成性评价和量化考核。记录学员每天的学习、考勤、简讯、美篇、主持、总结、课堂发言、案例分享、参与活动情况并及时公布。

三是形成自主管理。班主任、班干部以身作则，认真负责，学员积极参加各项活动，形成浓厚的学习氛围。

3. 强化分享输出

组建学习小组，设置学习任务清单。一是每日培训课程的主持与总结，专家介绍、专家对话，课后总结；二是每天晚上小组暮省复盘；三是每日课前由学员进行案例剖析，培训经验、培训精彩故事分享等；四是每日一篇培训报道（或美篇）；五是评价结果公布，对全班考勤、作业、课堂表现情况登记并公布，对学员个人任务完成状况及各小组任务完成状态公布，促进学员自主、合作、探究性学习，让学员在学习中思考，在行动中提高。

4. 关爱学员身心健康

全方位关爱学员身心健康。一是课程设置力求切合学员需求；二是培训活动尽可能丰富多彩，课前安排健身动动动、游戏乐乐乐、歌曲唱唱唱等环节；三是生活上温馨关爱，天气变化提醒学员增减衣服，安全出行，事无巨细，叮咛嘱咐，体贴关爱。

具体研修活动安排如下：

第一次集中研修安排如表 6-16 所示。

表 6-16　第一次集中研修安排

五阶段	日期	模块 / 主题 / 内容
集中理论研修	第一天	学员报到，团队建设
		案例学习： 带出教师队伍的精气神
	第二天	案例学习： 做有思想的行动者——我的办学实践及思考
		专题讲座： 探寻“粤派教育”渊源，构筑新时代“粤派教育”新格局

续表

五阶段	日期	模块 / 主题 / 内容
集中理论研修	第三天	案例学习： 校长是激扬教师生命活力的人
		案例学习： 学校德育工作的思考与实践
跟岗研修	第四天	跟岗学习： 广东名校参访
集中理论研修	第五天	专题讲座： 现代教师职业自觉与专业发展
		专题讲座： 合理惩戒与体罚的法律界限
	第六天	专题讲座： 依法治校与校长法律素养
		共同体研修： 撰写名校长领导力提升目标责任书

第二次集中研修安排如表 6–17 所示。

表 6–17 第二次集中研修安排

五阶段	日期	模块 / 主题 / 内容
集中理论研修	第一天	学员报到，解读培训方案
		专题讲座： 跑进名校
	第二天	共同体研修： 探讨教育实践创新或教育思想凝练的论文选题
		案例学习： 突发公共事件的舆情引导
	第三天	案例学习： 数字化校园环境下创新素养培育
		专题讲座： 提高教师教研的着力点
集中理论研修	第四天	专题讲座： 国内外课堂教学评价理论与方法：回顾、比较和应用策略
	第五天	专题讲座： “立德树人”——师德师风建设与教师专业发展

续表

五阶段	日期	模块 / 主题 / 内容
合作研究	第六天	导师个性化教学： 学校发展与管理重难点问题及应对策略探析 1. 师徒结对 2. 每位学员基于本校实际情况，提出学校发展与管理的重难点问题，与组员、导师共同研讨，得出相应策略或启示 3. 每组 1 位学员代表总结组内研讨成果，分享汇报 4. 教育实践创新或教育思想凝练的相关论文选题与研究（论文初稿待提交）
跟岗研修	第七天	跟岗学习： 广东名校参访

第三次集中研修安排如表 6–18 所示。

表 6–18　第三次集中研修安排

五阶段	研修方式	诊断维度	具体观察点
岗位行动研究	本次集中研修以“入校诊断”方式进行，理论专家和实践专家深入培养对象所在学校，开展诊断，指导与检验培养对象领导力提升与学校改进情况 通过参观校园和社区环境，听取学校自评报告，查阅学校关键性文件、数据，召开校长、学校行政人员、教师、学生座谈会和个别访谈，观摩课堂教学，参加教师、学生等各种活动等环节，对学校进行较为全面的诊断	育人目标	1. 标准：方向明确，要求具体，切实可行 2. 观察点：办学理念符合要求，一训三风鲜明；办学成绩稳步提高；学生状态良好，热爱学校生活 3. 证据：相关材料、中高考近三年数据，学生座谈会反馈
		教师发展	1. 标准：结构合理、专业化、创新型教师队伍 2. 观察点：教师队伍结构合理；教师绩效、荣誉、职称体系能够调动教师积极性；教师科研、教研、培训有效，能够引领教师发展 3. 证据：教师队伍建设的相关数据、教师座谈会反馈、教师队伍流失情况
		课程与教学	1. 标准：深度推动新课程改革 2. 观察点：开齐开足课程；课堂教学体现新课程改革要求；教学管理（级组、科组、备课组）有序；中考高考备考有效 3. 证据：课程改革方案、课程表；随堂听课情况；相关教研制度、备考制度及实施等
		学校管理	1. 标准：学校管理科学有序，管理团队素质好、有活力 2. 观察点：领导体制机制有效；书记校长团队状态好，能力强；学校规划科学；校园环境一流 3. 证据：相关文本、座谈会、校园环境观察
		示范引领	1. 标准：特色鲜明，示范性强 2. 观察点：上级领导、家庭、社会欢迎；优秀学生多；办学特色鲜明 3. 证明：上级领导评价、优质生源流失情况

第四次集中研修安排如表 6–19 所示。

表 6–19　第四次集中研修安排

五阶段	日期	模块 / 主题 / 内容
合作研究	第一天	中期汇报： 教育实践创新或教育思想凝练的论文写作 1. 学员汇报教育实践创新或教育思想凝练的相关论文研究进展和困惑 2. 深度对话、学员“解剖”、专家助析，催生学员完善教育实践创新或教育思想凝练的相关论文
	第二天	
	第三天	
	第四天	

第五次集中研修安排如表 6–20 所示。

表 6–20　第五次集中研修安排

五阶段	日 期	模块 / 主题 / 内容
跟岗研修（省外名校）	第一天	目标达成的“评—学—教”一致化
		育人育心 全面健康——“五维一体”校本心理健康教育模式的创新与实践
	第二天	天光云影共徘徊——新时代教育管理之思考与实践
		“乐学有才”理念下中小学立体拓展课程开发与应用
	第三天	大质量观下教学管理工作的思考
		“双减”新标下重构教育生态环境的思与行
	第四天	回归生态自然 让绿色教育走进孩子心灵
		沉浸式主题校本研修的设计与实施
	第五天	世界咖啡：管理无定式 事事皆学问 ——校长最关键的管理智慧
		爱国主义教育：毛泽东的素质教育思想
	第六天	新学校之立与新校长之力
		撰写“我的学习心得”

第六次集中研修安排如表 6–21 所示。

表 6–21　第六次集中研修安排

五阶段	日期	模块 / 主题 / 内容
示范带学	第一天	共同体研修： 打磨“我的办学思想 / 模式”，每位学员提交 1 份“我的办学思想 / 模式”研讨资料

续表

五阶段	日期	模块 / 主题 / 内容
示范带学	第一天	办学思想 / 模式研讨会： 1. 名校长思想：教育如兰，育兰树人——从平凡走向高质量发展的教育探索 2. 学员代表分享：让每一朵茶蕾尽情绽放——以“一立三培五并举”推动学校高质量发展的教育探索 3. 互动交流，专家点评
	第二天	办学思想 / 模式研讨会： 1. 名校长思想：把学校办成教师成长的大学 2. 学员代表分享：和美教育 · 和美课堂 · 六步学习法——学校教育教学思想的形成与实践 3. 互动交流，专家点评
		办学思想 / 模式研讨会： 1. 名家思想：凝练思想，成就名家 2. 学员代表分享：激扬生命，鸢飞鱼跃——陈白沙教育思想在学校的实践探索 3. 互动交流，专家点评

第七次集中研修安排如表 6–22 所示。

表 6–22 第七次集中研修安排

五阶段	组别	示范主题	示范地点
示范带学	学前组	《“活教育”思想下幼儿园自主游戏课程的建构和实施策略》 《我的幸运一天》	阳江市阳东区
		《做有温度的园长，办有温度的学前教育》 《美味的爆米花》	阳江市阳东区
		《利用乡土文化进行德育教育的实践与思考》 《开平碉楼》	阳江市阳东区
		《地域文化背景下的幼儿园美术素养课程实践》 《鸟的天堂》	云浮市新兴县
	小学组	《粤派教育和美课堂的实践和探索》 《海上日出》	江门市恩平市
		《薄弱学校高质量发展的思与行》 《中国有了共产党》	云浮市新兴县
		《让每一朵茶蕾尽情绽放——以“一立三培五并举”推动学校高质量发展的教育探索》 《平均数》	江门市蓬江区
		《特色教育引领学校发展》 《“双减”政策下的学科融合教学》	江门市台山市

续表

五阶段	组别	示范主题	示范地点
示范带学	小学组	《学校育人理念与特色创建的思考》 《如何以党建工作引领学校高质量发展》	江门市台山市
		《“双减”背景下“四学双评”和乐高效课堂教学改革的策略》 《红军不怕远征难》	云浮市新兴县
		《数智赋能，让新时代劳动育人更加优质高效》 《新时代数智劳动教育实践》	江门市恩平市
		《百年荣光 品质二小——城区百年老校焕发新样态探索》 《Unit 7 Hobbies》	阳江市阳东区
		《“至慧”花开，芬芳满园——以“四抓四提升”打造“第一品质，至慧教育”品牌的探索》 《学习二十大，争当好少年》	云浮市新兴县
		《党建引领，宣德立人谋发展　课改亮剑，教育质量高发展》 《找白纸》	云浮市新兴县
		《创“丹彩教育”育“光彩照人”少年》 《创“丹彩田园”浸润式“美育+”生态模式》	云浮市新兴县
		《学校办学思想凝练》 《张扬体育强国精神 矢志民族复兴伟业》	江门市开平市
		《乡村振兴，品质发展》 《白白的大米哪里来》	江门市台山市
		《教研提质促成长 真抓实干出成效》 《我的爸爸叫焦尼》	阳江市阳东区
		《茶文化与课程融合》 《快乐劳动，健康成长》	云浮市新兴县
		《聚焦核心素养提升，打造骨干名师团队》 《Counting》	江门市鹤山市
		《党旗引领 翰墨飘香》 《爱心的传递者》	阳江市阳东区

续表

五阶段	组别	示范主题	示范地点
示范带学	中学组	《打造优质教育集团，促进高质量发展》 《新课标视域下的道法课堂构建》	江门市台山市
		《落实立德树人，同心铸魂育人》 《学校高质量发展的思考》	江门市新会区
		《“6+5+1”走位分层教学模式的创新融合探索》 《法律保障生活》	阳江市阳东区
		《论农村教师的专业成长》 《太空一日》	阳江市阳东区
		《培育学科核心素养，优化初中数学课堂教学》 《单元整体设计——一次函数与方程、不等式复习课》	茂名市信宜市
		《基于学校文化传统的校园文化创新研究》 《挖掘材料内涵，打造高考作文新高地》	阳江市阳东区
		《精准施策把方向　剖析“问题”出质量》 《用不等式解实际问题复习课》	阳江市江城区
		《特色办学赋能学校高质量发展》 《旋转复习课》	阳江市江城区

第八次集中研修安排如表 6–23 所示。

表 6–23　第八次集中研修安排

五阶段	组别	主题 / 内容
结业考核	分学前组、小学组、中学组	1. 培养对象成果汇报。培养对象结合考核指标呈现汇报培养期的成果 2. 考核专家组提问。专家就培养对象结业考核登记表及其佐证材料、汇报内容进行点评提问，给予个性化发展建议 3. 专家组评议
		结业典礼

（三）培训后期——跟进网络研修，建立长效交流机制

1. 建立长效交流机制

建立项目负责人、班主任与学员微信沟通机制，通过微信群加强对学员继续学习的监控、管理和指导，发挥培训辐射效应。

2. 建立资源共享机制

线上集中培训结束后，培训专家继续向学员提供教育管理成果、课程资源或其他教育资源，学员们的教育教学资源也及时上传微信群共享共研。

四、培训效果

（一）学员满意度高

学员对研修活动安排的整体满意度为 100%。

学员心得 1：本次培训振奋了精神，获得了锻炼，受到了启发，找到了差距，也发现了自身的不足，让我有了更清晰的目标和更明确的方向。

学员心得 2：独行快、众行远。在众多名师教授的倾囊相授下，我对教育教学工作的认识又迈上了新的台阶。在接下来的工作中，我将努力把本次研修学习的成果转化为课程改革实践的能力，以更加饱满的精神和更加扎实的作风投入到园本管理和教育教学之中。

学员心得 3：培养名优教师队伍、办有质量的学校，是考验校长智慧与能力的关键，如何办有温度的学校、做有情怀的校长，是我今后努力的方向。感谢培训班创设了这么好的一个平台，让我有机会和其他名校长面对面，学习教育管理、办学理念、校长魅力的课程。

（二）学员专业发展成效显著

培养期间，学员完成《我的领导力 SWOT 分析报告》《名校长领导力提升目标责任书》《跟岗学习报告》《学校发展诊断报告》、办学思想研讨会会议资料、公开发表的教育管理类论文或专著成果。本项目更新了参训学员教育理念，全面提升了参训学员的领导力和管理水平。据不完全统计，通过本项目培养，共 13% 的学员获评中小学正高级教师，23% 的学员入选广东省中小学“百千万人才培养工程”，66.7% 的学员分别成长为省、市、县级“四名”工作室主持人，全部学员均开展了课题研究并在省级刊物发表论文，部分学员撰写了专著，教学业绩在本地首屈一指，辐射广东省其他地域。

（三）项目反思

本项目经过两年多的培养，很好地完成了培养目标，学员们在导师引领及同伴影响下，经过“实践—反思—再实践”的不断循环，进一步提高了校长领导力。大部分学员建立了名校长工作室，引领其他学校校长开展理论和实践研修，提升了办学理念和能力。

本项目培养业绩骄人，但仍然有值得改进的地方，一是部分学员理论基础薄弱，反思不足，迁移应用能力欠缺，需要进一步加强个性化指导，通过加大加深“入校诊断”力度，找出学员特征进行有针对性的培养。二是基地培养力度不够，省级名校长工作室的跟岗研修是一个很好的锻炼平台，学员可以在导师的引领下不断体验、反思、碰撞、对话，丰富自身的领导力，本项目在跟岗研修方面的力度还需加大。三是深度研学不够，需要针对学员现状深入组织参训校长采取选修课程、研读名著、同伴互助、名家讲坛、实地研修考察等形式，引导参训校长自主学习，针对有关教育问题进行深入的理论探究和实践探索，进一步提升专家型校长的思想引领潜力。

附录

江门市名校长领导力提升目标责任书

一、学校 SWOT 分析表

内部环境因素	优势（strengths）	劣势（weaknesses）
	1. 学校实施“和美教育”多年，取得了一定的成效，在特色立校方面有一定的基础 2. 学校在数学、体育、美术、综合实践以及创客等学科方面业绩比较突出，形成了特色项目 3. 教师队伍不断成长，涌现了一部分名教师、学科带头人以及骨干教师，学校科研氛围较浓 4. 学生虽然大部分都是外来务工子女，但是孩子在行为习惯以及文明礼仪方面都有一定的进步，学生整体精神面貌得到较大的改善 5. 自 2020 年 7 月加入陈白沙教育集团，在陈白沙文化的影响下，学校在“诗教”方面有一定特色，获得“全国优秀诗教先进学校”称号，同时在陈白沙先生“学贵自得”的教育思想影响下，学校“三性和美课堂六步教学法”课堂模式逐步形成，为学校的进一步发展提供了较好的平台	1. 生源入口较低，学生家长素质整体不高；学校周边紧靠市场，环境较为复杂，给学生的行为习惯教育带来一定的困难 2. 学校教学质量不断提高，但因为学生后进层面大，整体质量与区内品牌学校相比还有一定差距 3. 学校一直重视家校共建工作，特别是长期开展“六 a”亲子教育研究活动，但家长学校的任务还很艰巨，5+2 小于 5 的问题还需重点解决
外部环境因素	机遇（opportunities）	威胁（threats）
	1. 学校实施“和美教育”多年，在特色发展上遇到了瓶颈。希望借助加入陈白沙集团之机遇，提升学校文化品牌，进一步擦亮“和美教育”品牌 2. 区教育局非常重视国家义务教育检测评估体系，加大了课程实施以及课堂教学改革的力度，希望学校现有的“三性和美课堂六步教学法”模式能做大做强做优，助力提升学校的教学质量	1. 学生特殊家庭情况较多，学习后进生层面较大 2. 少部分教师在教育教学方法的更新方面接受较慢，需要时间和过程
对策选择	1. 加强师资队伍建设，充分发挥现有名师、工作室以及党员教师的示范引领作用，同时加大青年教师的培养力度，进一步提升学校教师队伍素质 2. 探索陈白沙教育集团“九年一贯制”办学模式，加强与集团的有效合作，实现共赢 3. 争取得到省内专家团队的指导，在后进学生的有效教学以及家校共建方面做一些探索和指导，从而攻破学校当前的难点问题	

二、我的领导力 SWOT 分析报告

<table>
<tr><td rowspan="2">内部环境因素</td><td>优势（strengths）</td><td>劣势（weaknesses）</td></tr>
<tr><td>1. 有一定的教育教学理论基础和专业水平：曾参加过江门市五邑教育专家班的项目培训，并获得了江门市首批五邑教育专家的称号。近期又获得了广东省新一轮（2021—2023）名教师工作室主持人称号
2. 担任校长近八年，在特色办学方面有一定的实践经验和成效
3. 目前学校团队氛围好，学校在社会上的声誉不断提升</td><td>1. 由于担任校长已近八年，处于倦怠期的前期，需要重新定位再出发
2. 由于年龄偏大，对社会新鲜事物的接受偏慢，有时离新时代要求有一定距离</td></tr>
<tr><td rowspan="2">外部环境因素</td><td>机遇（opportunities）</td><td>威胁（threats）</td></tr>
<tr><td>1. 参加此次培训，有利于紧跟时代步伐，突破个人发展瓶颈，重新再出发
2. 上级部门重视教育集团建设，作为陈白沙教育集团一员，有较好的个人发展机遇</td><td>1. 长江后浪推前浪，不进则退。时代要求不断提高
2. 加入教育集团后，要谨防没有自己的个性和特色</td></tr>
<tr><td>对策选择</td><td colspan="2">1. 加强理论学习，不断接受新知识，提升综合素养
2. 加强跟岗锻炼，找准此次学习点（如何加大课堂教学改革，做大做优学校现有的“三性和美课堂六步学习法”课堂模式，着实提升课堂教学质量
3. 结合广东省新一轮（2021—2023）名教师工作室主持人工作，积极推动学校新一轮的教学改革和探索，在实践中不断提升自己的课程领导力和课堂领导力</td></tr>
</table>

综合以上分析，提出对自身领导力提升的计划如下：

（一）自身领导力提升目标

1. 找准学校的短板和弱项，加强针对性，全方位提升学校的办学质量，让学校成为一所有蓬江地域特色、优质且有内涵的学校。

2. 抓住加入陈白沙教育集团的契机，以“高点定位、创新引领、彰显特色、铸就品牌”为集团建设方向，与集团成员校一起努力，把陈白沙教育集团打造成全区的优秀教育集团，铸就优质教育集团品牌。

（二）自身领导力提升路径

第一，加强理论学习，不断接受新知识，提升学校整体教师队伍的综合素养。

第二，结合广东省新一轮（2021—2023）名教师工作室主持人工作，积极推动学校新一轮的教学改革和探索，在实践中不断提升自己的课程领导力和课堂领导力。带领团队做大做优学校现有的“三性和美课堂六步学习法”课堂模式，着力提升课堂教学质量。

第三，借助加入陈白沙教育集团的契机，扩大影响，辐射带动。陈白沙先生是明代的哲学家、教育家、书法家、诗人、古琴家，岭南唯一入祀孔庙的大儒，是我国古代37位实学家之一，一生孜孜不倦办学育才，其学术对岭南文化，乃至中国文化有着深远的影响。陈白沙教育集团在传承优秀传统文化方面拥有得天独厚的优势。我校的和美教育，在学校文化方面与其一脉相承。因此，接下来会随着陈白沙教育集团为江门市打造“岭南儒城”城市文化品牌做出应有的贡献。

第七章

江门市高质量教研团队培训实践案例

教研团队是江门市教师培训的重要服务对象。教研团队培训简称“教研培训”。本章主要介绍若干教研类高质量教师培训案例，通过多个高质量教研培训典型案例，呈现江门市打造高质量教师培训的实践经验。

第一节　江门市中学学科组长教研能力提升培训

一、项目背景

中学学科组长在教育教学工作中扮演着至关重要的角色，他们不仅是学科教学的组织者和领导者，也是教师专业发展和教研活动的推动者。然而，从现有的研究和实践反馈来看，中学学科组长普遍存在一些问题，这些问题在一定程度上影响了教学质量和教师团队的发展，主要表现在：

第一，职能定位不明确。中学学科组长的职责和角色在一些学校并未得到明确的界定和认可。这导致他们在发挥学科引领力时缺乏方向感和动力，不清楚如何有效地组织和管理教研活动，也难以在教师专业发展中发挥应有的作用。

第二，专业发展缺乏系统培训。许多中学学科组长虽然有意愿提升教学质量和推动教研活动，但由于缺乏系统的专业培训，他们在教研规划、听评课能力、科研能力等方面存在不足，限制了他们在教研中的引领作用。

第三，教师职业倦怠现象。中学教师职业倦怠是一个普遍存在的问题，这直接影响了教师参与教研活动的积极性。中学学科组长在激发教师工作热情、提升教研活动吸引力方面面临挑战。

第四，校本教研质量不高。一些中学学科组长在校本教研活动中缺乏创新和针对性，教研活动往往形式化、流程化，缺乏深入的教学研究和实质性的成果产出。这导致教研活动未能有效促进教师专业成长和教学质量提升。

第五，缺乏政策支持和资源配备。中学学科组长的工作往往缺乏必要的政策支持和资源配备。没有足够的支持和资源，学科组长难以有效地履行职责，使得他们在推动教研活动和教学改革时面临诸多困难。

第六，个人备课与集体备课的平衡问题。在一些中学，个人备课受到重视，而集体备课则被忽视。这导致教师之间缺乏交流和合作，难以形成共享教学资源和经验的平台，影响了教学效果的整体提升。

第七，教学研究与课堂教学的脱节。中学学科组长在重视课堂教学的同时，可能会忽视教学研究的重要性。这导致教研活动与课堂教学之间的联系不够紧密，难以形成以研促教、以教带研的良好局面。

第八，教学设计和实施能力不足。中学学科组长在日常工作中承担了过多的行政和管理工作，缺乏足够的时间和精力专注于教学设计和实施。表现为对课程标准理解不深入、教学目标设定不明确、教学活动设计缺乏创新性、教学资源运用不合理等问题，导致课堂教学效率低下，学生学习成效不理想，进而影响学校整体教育质量。解决这些问题需要明确学科组长的职责和角色，提供必要的发展机会和系统的教育培训。

2018 年 1 月，教育部组织修订并颁布了《普通高中课程方案和语文等学科课程标准（2017 年版）》，将基于核心素养的学业质量标准融入课程标准，旨在引导和促进学习方式和育人模式的根本转型，从而实质性推动和深化我国基础教育课程改革。2022 年 4 月 21 日，新版义务教育课程方案及各学科课程标准正式颁布。新修订的义务教育课程方案和课程标准从国家层面厘定了育人目标，明确了改革方向，优化了课程内容及组织呈现方式，并通过增加学业要求、教学提示、评价案例等，增强了教学的指导性，关注了学段间的衔接。但是中学学科组长普遍存在对新课标“理解不深，落实不下”的问题，包括对新课标的实质改变认识需深化，对核心素养的理解较浅，如何落实核心素养缺乏有效的策略，尤其在新课标、老教材的情况下，多数教师不知如何用现有教材落实新课标的理念与要求，所以如何在江门市教师队伍中推进课堂真正变革、提高教学能力，学科组长经过培训返校后能带领本科组教师开展新课程实施的教学探索成为首要培训任务。针对学科组长在学校课改实践中的教学示范与辐射带动的双重角色定位，紧扣课程标准的理解与实施，江门市于 2019 年与 2022 年分别启动江门市高中学科组长教研能力整体提升项目与江门市初中阶段学校学科组长教研能力整体提升培训项目。

二、培训方案

（一）指导思想与理念

培训课程设计以培训需求分析为指导，是有效把握教师参训目的、需求和期望的重要依据。针对中学教师的培训需求分析结果表明，学科教师在学生自主学习习惯养成、课标解读与教材分析、有效教学的标准与实施三个方面的需求都超过了 65%；中学教师在专业能力的培训需求上主要体现在教材与学情分析的要点与方法、学生困难学习的指导、学生心理健康教育的方式方法等方面，需求比例都超过了 50%。因此，本培训课程设计在需求分析的基础上，以教师专业发展为理论指导，紧扣“单元整体教学设计与实施”主题、“教学研一体，学思做合一”的培训理念和任务驱动式的内容设计，规划中学学科组长培训课程。

1. 理论指导：以教师专业发展为理论指导

教师专业发展是指教师在教育教学实践中，不断提升理论知识与教学技能并创造出更加优异的教育成果。朱旭东指出，教师专业发展有三大基础：一是教师精神，强调教师参加培训后具备一定的专业意识、专业思维和专业心理；二是教师知识，强调教师通过不断学习，具备丰富的通识知识、学科知识、专业知识以及实践知识；三是教师能力，强调教师经过培训与实践增强自身的学科能力与专业能力。[①] 本项目以核心素养与学科教学、核心素养与学生发展、核心素养与教研设计、核心素养与课程建设为模块主题，以教育发达地市前沿理念与优质经验为主基调，构建教师专业发展模式总框架。

2. 培训主题：紧扣“单元整体教学设计与实施”主题

以核心素养为课程目标的新表述，最终要落到教师的课堂教学中，要求

① 朱旭东：《论教师专业发展的理论模型建构》，《教育研究》2014 年第 6 期。

教师建立好学科核心素养与学科核心内容之间的关系，依据课程标准和教材，围绕学科某一核心内容组织学习单元，设计体现学科知识发展、学科思想与方法深化，激发学生深度参与学习活动，促进学生学科核心素养发展的学习主题；紧扣学习主题，选择有利于培养学科核心素养的教学内容和情境素材，制定学习目标、选择学科内容、设计学习活动、开展课堂教学、进行学习评价，环环紧扣，使学科核心素养具体化、可培养、可干预、可评价，这就需要教师提升单元整体教学设计与实施能力。所以，高中与初中学科组长培训主题确定为推动落实新课标、新课程教学改革的有力抓手“新课标理解与单元整体设计实施能力提升”。

3. 培训理念：树立“教学研一体，学思做合一”理念

以课例研究为主线，针对学科组长的特点及项目要求，将训前、训中、训后有机衔接，设计“输入—内化—输出—沉淀”的完整闭环，将教师的教学、学习、研究三者整合体现为“做”的过程，将教学、学习、研究进行交融，立足于学员的导中研、研中做的研修，实现教学研并进相长。在项目执行期间，确保各个环节有机衔接，以突出培训的针对性、实效性与连贯性。如图 7–1 和图 7–2 所示。

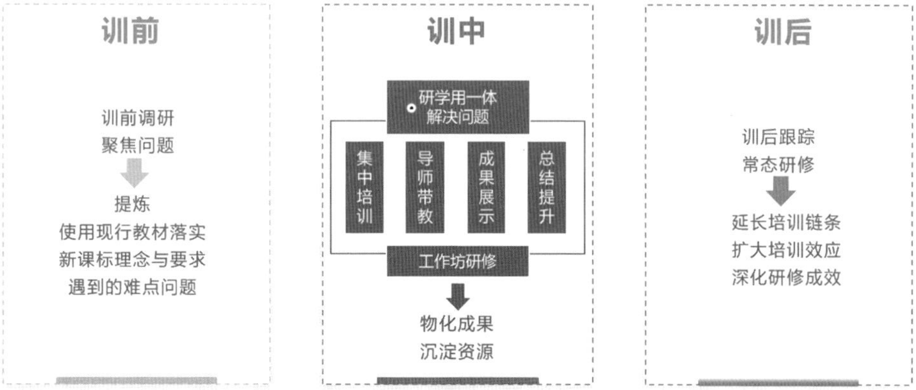

图 7–1 学科组长培训流程（1）

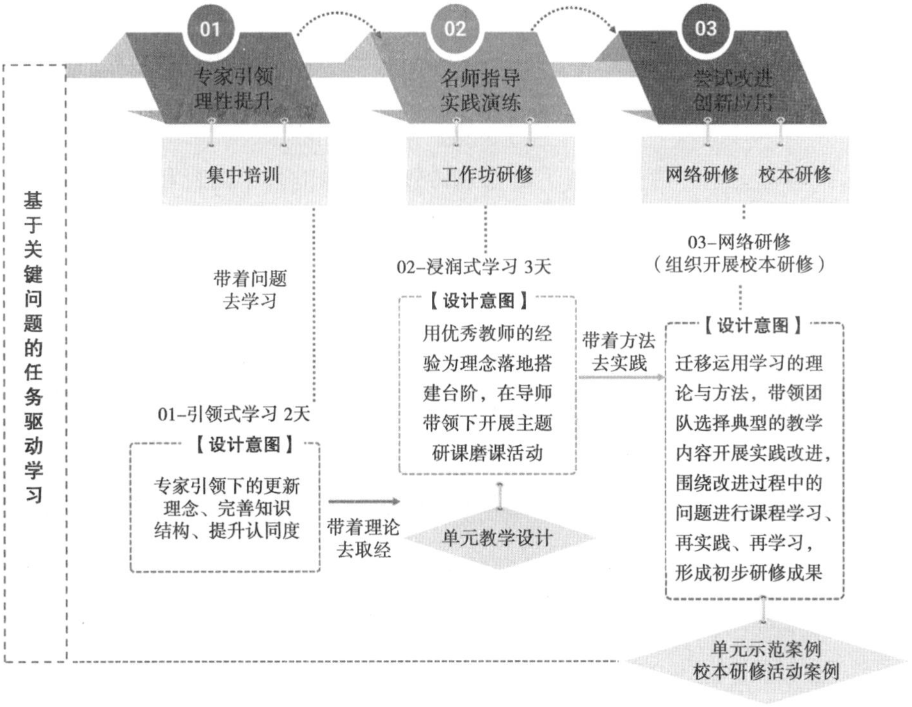

图 7–1　学科组长培训流程（2）

（二）课程模块与内容

课程模块与内容设计是教师培训的关键，在很大程度上决定着培训质量。本项目从不同学段（初中学段和高中学段）学科组长实际需求分析出发设计培训课程模块与内容。为确保培训的针对性和有效性，课程分为初中学段和高中学段培训，全市 800 余名学科组长参与培训。具体来说，初中学科组长培训采用了 5 天集中培训与 42 学时网络研修跟进的形式，覆盖语文、数学、英语三大学科共 415 位学科组长。高中学科组长培训采用了 5 天集中培训、7 天骨干省外访学和 42 学时网络研修跟进的形式，覆盖了语文、数学、英语、物理、化学、生物、思想政治、历史、地理全市 9 大学科近 400 位学科组长。初中学科组长培训课程和高中学科组长培训课程聚焦新课程落地实施中的难点问题，针对新课程标准下还没有新教材给当前教学带来的问题，以学科组长的先行实践，开发课例、提高示范引领能力为导向，设计培训内容。培训内容关注核心素养和课程标准对教育教学提出的要求，梳理“学科关键问题”，解读关键问题形成的原因，通过以大单元整体教学典型课例探索解决关键问题策略和教学实践方案，提升教学设计和实施的能力。

1. 初中学科组长培训课程

（1）分学科网络研修课程

围绕“核心素养导向的单元 / 主题整体教学设计与实施能力”主题，远程培训分模块设置课程，共计 42 学时，选学 30 学时，课程安排如表 7–1 所示。

表 7–1　初中学科组长分学科网络研修课程安排

<table>
<tr><th colspan="5">必修课程</th></tr>
<tr><th>维度</th><th>类别</th><th colspan="2">课程专题</th><th>课程形式</th></tr>
<tr><td rowspan="14">单元整体教学设计</td><td rowspan="13">法子课</td><td rowspan="5">何为单元整体教学</td><td>单元整体教学从知识到素养的桥梁</td><td>微课程 + 文本</td></tr>
<tr><td>单元整体教学设计的理解与类型</td><td>微课程 + 文本</td></tr>
<tr><td>把握单元整体学习设计的核心要素</td><td>微课程 + 文本</td></tr>
<tr><td>单元整体教学设计的实践策略</td><td>微课程 + 文本</td></tr>
<tr><td>单元整体教学设计与专业素养提升</td><td>微课程 + 文本</td></tr>
<tr><td rowspan="3">单元学习主题</td><td>单元主题是什么</td><td>微课程 + 文本</td></tr>
<tr><td>如何确定学习单元主题</td><td>微课程 + 文本</td></tr>
<tr><td>确定单元学习主题的依据</td><td>微课程 + 文本</td></tr>
<tr><td rowspan="3">单元学习目标与学习活动</td><td>如何确立单元学习目标和学习活动</td><td>微课程 + 文本</td></tr>
<tr><td>如何确定单元学习目标</td><td>微课程 + 文本</td></tr>
<tr><td>如何设计单元学习活动</td><td>微课程 + 文本</td></tr>
<tr><td rowspan="2">单元学习评价</td><td>单元学习评价的目的</td><td>微课程 + 文本</td></tr>
<tr><td>设计单元学习的评价路径</td><td>微课程 + 文本</td></tr>
<tr><td>例子课</td><td>单元整体教学设计案例</td><td>每个学科提供不少于 15 个案例</td><td>微课程 + 文本</td></tr>
</table>

续表

选修课程				
维度	类别	课程专题		课程形式
学科核心素养	法子课	中国学生发展核心素养解读	中国学生发展核心素养研究的背景、意义及总体设计	微课程 + 文本
			中国学生发展核心素养遴选的支撑性研究	微课程 + 文本
			中国学生发展核心素养建构	微课程 + 文本
			中国学生发展的学校应答	微课程 + 文本
		学科核心素养解读	各个学科核心素养内涵解读	微课程 + 文本
	例子课	基于核心素养的学科教学案例	每个学科提供不少于 2 个案例	微课程 + 文本
学科能力	法子课	学科能力解析	关于学科能力	微课程 + 文本
			从智力到学科能力——智力与能力	微课程 + 文本
			从智力到学科能力——智力与能力的一般概念	微课程 + 文本
			学科能力模型在教育系统运作	微课程 + 文本
涵养师德	法子课	政策解读	《新时代教师职业行为十项准则》解读	微课程 + 文本
		习总书记谈师德	“四个”引路人——新时期教师努力的方向	微课程 + 文本
			“四有”好老师——学为人师 行为世范	微课程 + 文本
	例子课	身边师德故事评书连播	师德评书连播：奖励开出遍地花	微课程 + 文本
			师德评书连播：我永远是真心	微课程 + 文本
		爱的故事	让“爱”成为教育的原动力	微课程 + 文本

（2）本地集中面授

本地集中培训共 5 天，有 2 天的通识培训课程和 3 天的分学科培训课程，通识部分培训设置核心素养背景下的课程理念、核心素养背景下的学科教研、核心素养背景下的作业设计、核心素养背景下的学科教学等模块内容，旨在提升教研组长学科教学、学科研究、组织指导能力等。课程安排如表 7–2 所示。

表 7–2　初中学科组长通识部分课程安排

<table>
<tr><th colspan="2">时间</th><th>模块</th><th>内容要点</th><th>形式</th></tr>
<tr><td rowspan="3">第一天</td><td rowspan="3">上午</td><td colspan="3">个人训前作业：在“研修宝”平台上提交一份单元整体教学设计</td></tr>
<tr><td>明确目标</td><td>培训方案解读
明确培训考核要求</td><td>开班仪式</td></tr>
<tr><td>核心素养背景下的课程理念</td><td>主题报告：2022 版义务教育课程标准解读
1. 义务教育课程方案的基本精神
2. 义务教育课标框架及其内在逻辑
3. 修订重点与课标亮点</td><td>专题讲座</td></tr>
<tr><td>第一天</td><td>下午</td><td>核心素养背景下的学科教研</td><td>主题报告：在线教研的设计与组织实施</td><td>专题讲座</td></tr>
<tr><td rowspan="2">第二天</td><td>上午</td><td>核心素养背景下的作业设计</td><td>主题报告：“双减”之下作业管理的有效探索与实践</td><td>专题讲座</td></tr>
<tr><td>下午</td><td>核心素养背景下的学科教学</td><td>主题报告：分学科课标解读
1. 义务教育课程方案的基本精神
2. 义务教育课标框架及其内在逻辑
3. 修订重点与课标亮点</td><td>专题讲座</td></tr>
</table>

分学科集中研修课程培训内容主要聚焦单元整体教学设计与实施能力提升，通过专题讲座、实操设计、专家指导、同伴互助等形式进行。课程安排如表 7–3 所示。

表 7–3　初中学科组长分学科集中研修课程安排

<table>
<tr><th colspan="2">时间</th><th>模块</th><th>内容要点</th><th>形式</th></tr>
<tr><td rowspan="2">第三天</td><td>上午</td><td rowspan="2">学科单元整体教学设计</td><td>专家讲座：学科单元整体教学设计与实施的基本路径与要求</td><td>专题讲座</td></tr>
<tr><td>下午</td><td>案例分析：专家提供单元整体教学设计案例、学员观摩并以小组为单位，开展案例研讨、专家点评指导</td><td>专题讲座</td></tr>
<tr><td rowspan="2">第四天</td><td>上午</td><td>学员撰写、打磨单元整体教学设计</td><td>分班实践：每个班选定一个单元，各小组撰写打磨单元整体设计，小组展示，专家点评</td><td>专题讲座＋实操演练</td></tr>
<tr><td>下午</td><td>专家第一次指导</td><td>分组实践：每个小组聚焦班级所选单元，各撰写一个课时的教学设计，小组展示，专家点评</td><td>分组指导</td></tr>
</table>

续表

时间		模块	内容要点	形式
第五天	上午	专家第二次指导	完善设计：以小班为单位完善单元整体教学设计及各组课时单元设计，专家指导提炼	分组指导
	下午	汇报总结——单元教学设计	合班展示：以班为单位进行单元整体教学设计成果展示，三位专家交叉点评	总结提升

2. 高中学科组长培训课程

本次培训共分为本地集中面授 5 天、省外异地访学 7 天、分学科网络课程跟进 42 学时三个部分。

（1）本地集中面授

本地集中面授培训共 5 天，有 2 天的通识培训课程和 3 天的分学科培训课程，具体如表 7–4 和表 7–5 所示。

表 7–4　高中学科组长本地集中通识培训课程

时间		模块	主题	内容要点
第一天	上午	报到	—	在“研修宝”上签到，填写《培训需求调研问卷》
		开班	—	介绍培训背景及要求
		通识	核心素养与学科教学	主题报告：单元教学设计的现实意义与实施路径
	下午		核心素养与学生发展	主题报告：核心素养与学生发展
第二天	上午		核心素养与教研设计	主题报告：校本教研的有效路径与策略——从教师专业成长的视角
	下午		核心素养与课程建设	主题报告：解读课标的新突破——学科核心素养与教学实施

表 7–5　高中学科组长本地集中分学科培训课程安排

时间		模块	主题	内容要点
第三天	上午	学科核心素养落实课堂	理解学科核心素养与课程目标	专题讲座：学科核心素养与课程目标解读 互动答疑：参训人员现场提问，与专家互动，解答困惑，梳理对策
	下午		理解学科课程结构、内容与教学实施	专题讲座＋案例解读：学习任务群与分学科学习活动 互动答疑：参训人员现场提问，与专家互动，解答困惑，梳理对策

续表

时间		模块	主题	内容要点
第四天	上午	单元整体教学设计	单元或主题整体教学设计的原则及策略	微讲座 + 案例解读：单元或主题整体教学设计的原则及策略 学员设计：专家指导学员打磨自己的单元整体教学设计，学员 6 人一组相互打磨
	下午	第一次现场打磨单元整体教学设计实践	现场打磨单元整体教学设计	学员说课：各组随机抽 2~3 名学员用 15 分钟时间说课（单元整体教学设计） 专家点评：专家点评指导 修改方案：学员根据专家意见修改方案
第五天	上午	第二次现场打磨单元整体教学设计	第二次打磨单元整体教学设计	学员展示：各组随机抽 2~3 名学员用 15 分钟时间说课（修改后的单元整体教学设计） 专家点评：分学科专家现场指导 修改方案：学员根据专家意见再次修改方案
	下午	集中展示	分组单元整体教学设计展示与点评	分组展示：每组推选优秀代表进行单元整体教学设计展示 专家点评：分学科专家现场指导

（2）省外异地访学

高中学科组长省外异地访学课程围绕观摩高中课堂教学改革的经验和实践创新主题设计，培训时间为 7 天。具体课程安排如表 7–6 所示。

表 7–6 高中学科组长省外异地访学课程

培训时间		培训模块	培训主题	培训形式
第一天	全天	上午报到，下午团队建设		
第二天	上午	开班典礼	方案解读	—
		新理念	我以我心育他心	专题讲座
	下午		高考新政策下浙江高中课改的经验与反思	专题讲座
第三天	上午	新课堂	高中课堂教学改革的经验和实践创新（1）	实地学习
	下午		高中课堂教学改革的经验和实践创新（2）	实地学习
第四天	上午	新教研	基于学生核心素养的考试评价	专题讲座
	下午		核心素养指向的新教学设计	经验分享

续表

培训时间		培训模块	培训主题	培训形式
第五天	上午	新课程	高中课堂教学改革的经验和实践创新	实地学习
	下午	新课程	高中课堂教学改革的经验和实践创新	实地学习
第六天	上午	新课程	参观宁波市教育博物馆	教育考察
	下午	结业典礼	成果汇报	成果展示
第七天		全天	上午：主题研讨——基于高考改革的高中课程重构 下午：学员返程	

（3）分学科网络课程跟进

高中学科组长培训围绕“新课标、新课堂、新高考——核心素养与高中新课标深度研读应用”主题分模块设置课程，共计42学时，课程安排如表7–7所示。

表7–7　高中学科组长分学科网络课程跟进课程

模块	任务要点	主要内容	
新课标	聚焦“学科核心素养”，了解新课标“新”在哪里，学科核心素养是什么	新课标“新”在哪里	高中新课标整体解读系列课程
			高中新课标深度解读系列课程（分学科）
		学科核心素养是什么	核心素养整体解读系列课程
			核心素养深度解读系列课程（分学科）
新课堂	聚焦“课堂教学”，掌握核心素养落地课堂教学的方法和策略	学科核心素养怎么教	如何开设必修课程（分学科）
			如何开设选择性必修课程（分学科）
			基于关键能力培养的学科课堂教学研究系列课程（分学科）
		学科核心素养怎么评	学科核心素养怎么评系列课程（分学科）
新高考	聚焦“高考改革”，把握新高考的趋势和特点，将新高考与日常教学有机关联	新高考来了怎么办	高考改革与学校教育教学管理变革系列课程
			落实核心素养考查的考试命题研究系列课程（分学科）
			新高考背景下复习课教学策略研究系列课程（分学科）
			考试大纲修订解读与备考建议系列课程（分学科）
			理解高考试题评析与指导系列课程（分学科）

（三）培训形式

为提升培训效果，根据教师培训需求分析，本项目采用混合式培训、任务驱动式培训以及专家指导、项目组引导与学员自主管理等形式。

1. 混合式培训

项目采用线上自主学习与线下讲授相结合。线上培训以网络研修工作坊为主阵地，以任务和情境为主，让参训教师通过案例、资源、情境等方式掌握培训内容，同时也为教师提供便利。网络研修打破时空，整合全国资源，选取多个名师名校的优秀课例搬到荧幕前，学科组长可以学习观摩单元教学落实到课堂的样态，对比反思自身的优势与不足，提炼出策略与方法，指导教学实践。教师在网络研修工作坊中继续交流心得体会、分享感悟反思，弥补现场交流不充分、解决研后即忘等问题。线下培训围绕理论学习、实践演练、研磨课例、校本研修、课例评选等内容进行。

2. 任务驱动式培训

任务驱动式培训是指教师有明确的任务活动，通过自主探索与协作交流完成指定任务，将所学知识与原有经验相结合的方式促进自身的专业发展。任务驱动式培训内容的设计源于建构主义思想，将教师的知识学习与知识内化相结合，通过任务驱动的方式达成学习目标，有利于有效提升教师的参训积极性，增强教师的业务水平、研究能力和教学能力。本项目采用“基于关键问题的任务驱动学习”的模式，集中培训、网络研修与校本研修相结合，以问题和任务来组织教学内容，学员带着任务学习。其中，集中培训采用“2 天通识理论课程 +3 天分学科实操演练”的形式。2 天通识课程使学员在专家引领下更新理念、理解新课标，打破原有经验，探究改进策略；3 天分学科实操演练，开展备课、上课、评课等活动，旨在用导师的经验为理念落地搭建台阶，导师引领打磨成果，对关键问题进行深度探讨，掌握解决实际问题的教研策略与方法，实现教学教研能力的双提升。网络研修与校本研修环节以全国优秀教师单元教学示范案例为内容开展跟进式研修，旨在使学科组长迁移运用学习的理论与方法，围绕改进过程中的问题进行网络课程学习、再实践、再学习，形成研修成果，引领本科组开展课例研修活动。本培训课程在不同学段的内容设计上，围绕新课标中的关键问题和任务来组织教学，学员带着任务学习。任务驱动式的培训将以开放性问题为任务起点，以案例为载体，驱动教师进行协作探究。培训师在这个过程中将会从知识的传授者转变成为活动的引导者，引导参训教师在完成任务过程中将学科意识、学科知识与学科技能相融合，从而实现自身知识与技能的提升。

3. 专家指导、项目组引导与学员自主管理

一是组建实力雄厚、实践经验丰富的授课专家团队。为保证培训效果，让参训学科组长深研课程标准，明确改革方向，理解主旨要义，紧扣难点问题，专题深入研习，优化课堂教学，高中学科组长培训与初中学科组长培训邀请了来自高校、教研及一线的名师，以京沪粤闽等地为主的专家进行集中讲授和针对性指导。参训学员既可以在专家集中讲授下系统学习理论知识，又可以在项目指导专家指导下有效开展主题研讨活动。

二是实施项目组引导与学员自主管理相结合的管理模式。为保障全市 7 个县（市）区，每个学段 9 大学科，每个学段 400 多名学科组长有效开展参与式学习，有条理组织各项活动，创设浓厚的研修氛围，我市探索了项目组引导与学员自主管理的项目研修模式。在项目实施中，由教育行政部门、教师发展中心以及专家成员组成项目组，搭建教学班主任、生活班主任、学科班长、生活委员、学科组长的组织管理小组，以学科为单位，由班长负责班级培训期间的统筹管理，组织本学科老师承担现场主持、设备调试、照片收集、专家助手等工作，为项目顺利进行提供强有力的组织保障。

三、实施过程

培训过程坚持实践导向和问题导向，以任务驱动贯穿始终。在教学安排上，紧扣培训主题“新课标理解与单元整体设计实施能力提升”，以单元整体教学设计方案产出为任务抓手，将培训分为训前作业—理论学习—实践演练—网络研修—校本研修—以培促用六大环节，一方面引领学科组长率先探索核心素

养立意下的大单元教学实践，做出示范；另一方面，以磨课为抓手，创设团队行动学习的情境，带领学员体验“做中学”的具体路径，掌握行动学习的基本方法。

（一）训前作业，激活经验

学科导师根据学员教材版本，从中抽取一个单元进行训前学科作业布置，以小组为单位提交，课上各小组展示交流，彼此分享观点。同时，专家从训前作业中了解学员普遍水平，精准实施各项教学环节。

（二）理论学习，夯实基础

授课专家结合新课标理解、单元整体教学的理论基础、实践要点，从理论到实践开展授课指导。2 天的通识内容以核心素养与学科教学、核心素养与学生发展、核心素养与教研设计、核心素养与课程建设为模块主题，以教育发达地市前沿理念与优质经验为主基调，构建教师专业发展模式总框架。

（三）实践演练，研磨课例

1. 分科研修，探究策略

在分学科培训中，从单元整体教学设计出发，以单元整体教学设计微讲座—第一次现场打磨单元整体教学设计—第二次现场打磨单元整体教学设计—分组单元整体教学设计展示与点评为基本实施路径，各个学科小组在学科导师的支持下，以训前作业为蓝本，不断修正小组作品，给参训学员更专业的指导。以问题为切入，以学员为中心，以成果为导向，训中有练，练中有评，注重激发学员学习内驱力。通过分组研磨和专家指导，帮助参训学员完成一份较为成熟完善的设计方案，直观体验培训效果。

2. 反思实践，总结提升

训后每位学科组长需要思考自己在学习前与学习后的心路历程，之前对核心素养和单元教学是如何认识的，经过培训后又有什么新的理解？通过反思内化知识，建构联系，促进实践发生。

通过实操演练，让学员体验一个完整的单元教学设计，从一个单元的教学设计分析，到单元下课时的展示，形成一个完整的磨课闭环。

（四）网络研修，研磨课例

网络研修打破时空限制，整合全国资源，选取多个名师名校的优秀课例搬上荧幕，学科组长可以学习和观摩单元教学落实到课堂的样态，对比反思自身的优势与不足，提炼出策略与方法，指导教学实践。教师在网络研修工作坊中继续交流心得体会、分享感悟反思，弥补现场交流不充分、解决研后即忘等问题。

（五）校本研修，引领科组

参训学科组长返校后，以学校科组为单位，开展大单元教学活动设计与示范，引领本科组教师开展校本研修活动。

（六）评选课例，以培促用

组织开展“大单元整体教学设计”优秀课例评选，并在全市范围开展成果展示活动，分享优秀经验，扩大培训成果应用效益，有效贯通“培训”与“应用”断点，真正做到以培促用，以练增效，以赛提能。

四、培训效果

（一）项目效果与经验

高中学科组长与初中学科组长培训模式是我市探索骨干教师培养的一个创新尝试，为全市骨干教师培养谋划新思路，也是学员实现自主参培、个性成长的新体验。学员感到通过培训学习开阔了眼界，增长了见识，确实能够帮助他们解决教学中的疑难问题，使他们受益匪浅。以项目为契机，我市积极总结与反思项目效果及经验。

1. 基于问题解决，科学设计培训内容

坚持标准需求、组织需求和个人需要相结合的原则，着重解决“学习什么”的问题。骨干教师有着较好的学习起点，在新一轮的课程改革中，能够及时关注新课标，基本了解新课标的变与不变，具备一定的总结反思意识，在实践中积极探索理论指导实践，但是同时面临二次成长的困惑，需要支点、引领、路径、载体和舞台。为此，培训项目设计一定要关注学员已有经验，激发其内生发展的动力。一个培训内容并不能在短时间内解决太多的问题，以小切口着力，拓展研修深度，习得后期延伸课堂广度的方法尤为重要。所以学科组长培训内容抓住了新课标颁布契机，基于课程标准，以学习单元整体教学设计为主题，以提高教学效益为导向，围绕单元整体教学过程的关键环节，包括学习主题确定、单元学习目标设计、单元学生活动设计、单元评价设计，有侧重地开展研修。

2. 基于经验反思，实行任务驱动教学

坚持“以知促行、以行促知”，强调学用结合、研训一体。教师培训最终服务于课堂教学需要，培训所得回归校本应用，所以项目设计从培训内容和任务产出两个层面来统筹安排。培训过程中采用“基于关键问题的任务驱动研修”工作坊研修，符合成人的学习特点，把被动研修转化为主动研修，变被动接受为参与式学习转变。研修过程让学员体会到学、做、说、展等项目环节，使教师知识汲取与转化由显性知识走向隐性知识，让学员通过参与、实践和体验提升教学和教研能力，增强学员学习的兴趣，培训效果可感、可知、可见。

3. 基于成果产出，加强过程指导

本项目以一人一设计，一组一作品，一科一总结为成果目标，设计了单元整体教学的研修操作支架，搭平台、给资源、给模板、给工具，建立了成果产出的机制。高中学科组长经过培训后收获近 400 份个人单元教学设计，63 份小组单元教学设计，9 份学科总结；初中学科组长经过培训后收获 400 多份个人单元教学设计，60 份小组单元教学设计，3 份学科总结。以下面学员培训心得体会为证。

江海区郭老师表示：5 天的学习，令我感受深刻的是在教学思路上要有大思路、大方法。一是通过教学案例认识物理学科核心素养。新的课程、新的标准、新的教学模式，需要用新的教学理念来支撑，教师教育理念的转变是提高教师对课改的认识，是实施课程改革的关键。二是在教学工作中应做好单元教学设计，更新育人理念，用学习到的先进理念指导实践。三是不断努力提高教师个人素质，对学科的定位要精准，针对学考、等级考、选择考，把握好教学标杆，注重体现国家的顶层设计，注重“一核、四层、四翼”，特别注重培养迁移及创造能力，所以在教学中要注意问题的实际性。

台山市黄老师表示：针对此次培训内容，我觉得非常接近我们一线的教学。对于我们历史教学而言，一个单元就是一个主题，做好单元主题的教学设计，对于整个历史教学有着巨大的帮助和意义。同时在单元主题设计中融入历史学科核心素养，也是新课标对历史教学提出的要求。

鹤山市梁老师表示：以前我的教学设计基本是一课教学设计，有时也有单元教学设计，没有真正掌握单元教学设计的重要性和方法要领。现在，我已经清晰地认识到单元教学设计的好处和方法要领，这对于我开展高考复习教学非常有指导意义，我会把这种单元教学设计的方法更多地应用于高三教学，也会把单元教学设计的理念与方法传递给我校全体老师。

鹤山市郑老师表示：这次的科组长研修活动让我收获满满。这是一次提升教研和教学能力难得的好机会，因为不仅可以学到理论知识，还可以获得实践训练。通过这次学习培训，我对课程标准有了一个大概的了解，知道什么是核心素养，什么是大观念，什么是单元整体教学设计的基本原则。通过实操培训、专家的指导点评、小组多次对整体单元设计的讨论和修改，我了解到如何设计好单元整体的目标、重点、难点和教学思路等。今后我将时刻提醒自己更新教育理念，利用现代教育技术提高教研和教学能力。

开平市潘老师表示：通过这次学习，反思沉淀，总结悟化，让我对教学更加充满信心。在以后的教学工作中，我会将本次培训中学到的知识（单元整体教学设计）运用到实际的教学工作中去，以持之以恒的精神、认真严谨的作风，把所学的知识积极运用到实际中去。相信成功就是比别人多思考一点点，多行动一点点，多付出一点点，也坚信在以后的工作中一定会有新的突破与进步。

（二）项目反思

在总结培训成效的同时，我市于训后召开了项目反馈交流会，组织培训链中各环各方共同对培训过程进行回顾，对关键点进行反思和复盘。反思施培过程，我们意识到培训效果的评价与本地培训资源库建设在后期培训中需要进一步加强。

1. 以赛促训，注重优质资源产出

为更好地营造本地教师成长生态，后期教师培训项目成果与省市重要的优质课竞赛、案例评选等教学比武、“基础教育精品课”、本地“五邑名师大讲堂”等活动相结合，并为项目开展形式多样的教学竞赛活动与成果展示活动，增强培训吸引力、感染力，促进学习效果的转化。这样，学员能将所学内容应用到自己的工作中，解决自己的实际问题。引导教师反思积累、整理加工研修成果，增强教师研修获得感，提升教师专业发展信心。

2. 搭建专区，丰富本地资源库建设

为进一步凝集培训项目成果，建设本地资源库，后续通过互联网搭建项目专区，集结学员的优秀作品，便于实现资源共享和复制应用，让研修成果能更好地引领本市教师学习与成长，并建立宣传激励机制，激发学员的参与积极性。

第二节　江门市学校教学管理人员培养项目

一、项目背景

随着时代的发展和社会变迁，育人方式和教学方式在不断调整和改进。教学管理工作日益繁重，需要教学管理人员具备更加全面的素质和能力，包括教学理论、教学评估、校本研修、学生管理等方面的知识和技能。因此，江门市组织开展学校教学管理人员培养项目，旨在通过系统的理论学习和实践操作，使教学管理人员掌握先进的教育管理理念和方法，提高教学管理的科学化、规范化水平。同时，促进学校之间的交流与合作，共享优质教育资源，推动江门市教育事业的均衡发展。

二、培训方案

（一）指导思想

坚持以习近平总书记系列重要讲话精神为指导，问题导向和目标导向相结合，紧密结合当前学校教学管理的实际问题和挑战，明确培养目标，以提升教学管理人员的专业素养和管理能力为核心。通过解决具体问题来推动整体工作的进步，坚持理论与实践相结合，切实提高初中教学副校长、教学教务主任适应新时代、应对新局面、解决新问题的能力。在培训过程中，既要注重理论知识的传授，使教学管理人员掌握先进的教育管理理念和方法，又要注重实践操作的训练，让学员在实际工作中锻炼和提升管理能力。坚持创新发展与继承传统相结合，在继承优良传统的基础上，积极探索创新教学管理的方法和手段，以适应新时代教育发展的需求，努力培养一支具有较高政治理论素养和教育理论知识、作风优良善于管理、素质全面执行能力强的中坚力量，为提高江门市基础教育的质量提供坚实的人才保证。

（二）培训理念

本次培训旨在通过系统的培训和研修活动，提升学校教学管理人员的专业素养和管理能力，进而推动学校教学质量的整体提升。

1. 强调理论与实践相结合

培训活动不仅注重理论知识的传授，更重视实践能力的提升。通过案例分析、实地考察、模拟演练等方式，提高学员解决实际问题的能力。

2. 注重团队协作与沟通能力的培养

学校教学管理是一个复杂的系统工程，需要各个部门和人员之间的紧密配合和有效沟通。因此，培训活动中会设置团队合作、小组研讨等环节，帮助学员们提升团队协作和沟通能力，增强团队凝聚力和执行力。

3. 强调创新思维和终身学习的重要性

随着教育形势的不断发展和变化，学校教学管理人员需要具备创新思维和持续学习的能力，以适应新的教育形势和挑战。因此，培训活动会引导学员们关注教育前沿动态，激发创新思维，培养终身学习的习惯。

综上所述，江门市学校教学管理人员培养项目的培训理念是一个多元化、综合性的概念，旨在通过系统的培训和研修活动，提升学员的专业素养和管理能力，推动学校教学质量的整体提升。

（三）课程模块与内容

本次培训组织江门市 30 优质初中教学管理人员（含教学副校长、教导处主任）共 60 人，开展周期为两年的培训，其中集中研修 15 天，网络研修 60 学时。

项目采取 1145 模式整体推进，1 名教学副校长 +1 名教学主任组成 30 个行动研究共同体，通过理论研修 + 现场实践 + 校长论坛 + 行动研究四种研修方式，围绕教学人员的人际沟通能力、教学管理能力、课程领导能力、信息化创新能力和教育科研能力五大核心能力提升开展理论 + 实践研修，使各阶段相互贯通、相互联结，形成合力，发挥培训的最大效果。1145 模式整体推进如图 7–3 所示。

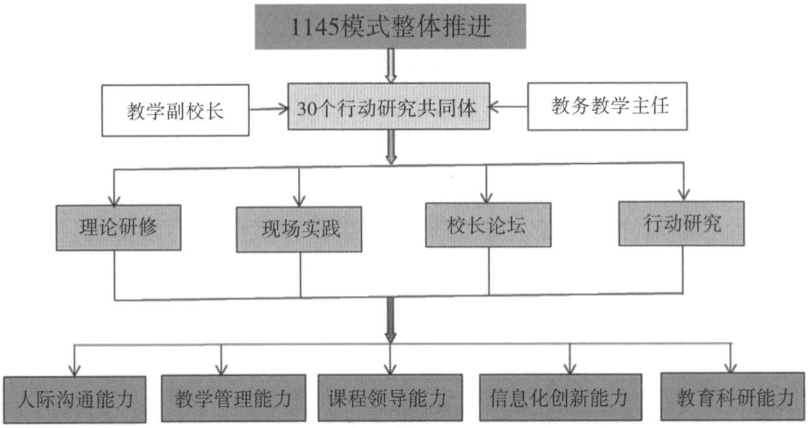

图 7-3　1145 模式整体推进示意图

1. 第一阶段：集中研修

集中研修将理论研修、现场实践、校长论坛、行动研究等环节进行重组，共安排 3 次线下培训，计 15 天，每次培训将理论学习和行动学习进行紧密结合，以校为单位完成行动实践任务。

集中研修模块的内容主要有：

（1）核心理论素养（专业知识、专业技能等岗位通识性知识）提升

（2）主题式理论研修（围绕学校关心的共同主题开展研修）

（3）专项研修（问题导向式研修，以学校实际问题解决为主的研修）

2. 第二阶段：主题论坛

（1）搭建校长频道，组建线上发展共同体。

（2）开展主题论坛，发挥培养对象工作引领示范（包括工作经验的概括与提炼）。

课程安排详见表 7-8、表 7-9 和表 7-10。

表 7-8　第一期集中研修课程安排

环节	模块	日期	时间	专题	培训形式
理论研修	—	第一天	上午	开班仪式 + 方案解读	—
	人际沟通			做一名幸福的中层干部	专题讲座
	课程领导		下午	学生关键能力及必备品格的培养路径	专题讲座
	信息化创新			破冰之旅 + 网络研修平台演练	—

续表

环节	模块	日期	时间	专题	培训形式
理论研修	教育科研	第二天	上午	粤港澳教育比较研究	专题讲座
			下午	把好新时代学校教学质量关	专题讲座
	教学管理	第三天	上午	基于行动研究的学校教学质量改进	专题讲座
			下午	构建三环智能课堂，提升教学质量——基于行动研究的教学改革实践	案例分析

表 7–9 第二期集中研修课程安排

环节	模块	日期	时间	专题	培训形式
理论研修	教学管理	第一天	上午	教师管理：如何成就教师专业成长	专题讲座
			下午	学校管理：从管理到成就	
	人际沟通	第二天	上午	组织变革视野下管理者领导力的提升	专题讲座
			下午	中层干部如何提升学校管理的执行力	专题讲座
现场实践	信息化创新	第三天	上午	学校特色分享 学校信息化创新 教师专业成长	实地访学
			下午	学校特色分享 学校信息化创新 中层领导力	实地访学
现场实践	教学管理	第四天	上午	学校特色分享 教学管理经验 学校科组建设	实地访学
			下午	学校特色分享 教学管理经验 校本教研活动	实地访学
	课程领导	第五天	上午	学校课程建设 学校课程实施 学校课程评价	实地访学
			下午	学校课程建设 学校课程实施 学校课程评价	
校长论坛	教学管理	第六天	上午	沙龙：初中学校教学质量提升策略	论坛沙龙
行动研究			下午	学校教学质量改进行动研究，改进策略研讨	论坛沙龙

表 7-10　第三期集中研修课程安排

环节	模块	日期	时间	专题	培训形式
理论研修	教学管理	第一天	上午	1. 团队建设 2. 课程安排 3. 小组分工	—
			下午	（微分享）学校育人理念 （专题讲座）未来学校：培养什么样的人，办什么样的学校	微分享 专题讲座
		第二天	上午	（微分享）学校教学管理经验 （专题讲座）学校教学管理实践案例	微分享 专题讲座
	课程领导		下午	（微分享）学校课程改革经验分享 （专题讲座）初中课程改革趋势及实践案例	微分享 专题讲座
校长论坛	教学管理	第三天	全天	聚焦主题：高效教学模式探索 上午：专家微讲座 下午：3 个学校代表分享、专家点评	论坛沙龙
现场实践		第四天	全天	学校参观：校园文化建设 课堂观摩：小组合作学习 专题分享：学校课程改革及小组合作学习实践	实地访学
校长论坛	教学管理	第五天	全天	聚焦主题：如何实施有效的小组合作学习 专家微讲座、学校代表分享、专家点评	论坛沙龙
行动研究	教学管理	第六天	全天	学校行动研究汇报	成果展示
		第七天	上午	学校中考高效备考经验分享	成果展示
	结业仪式		下午	项目回顾总结 小组研修汇报	—

3. 第三阶段：实践性学习

（1）网络研修模块：通过线上工作坊，同岗位的初中教学副校长（教学教务主任）开展网络研修，由导师对网络学习进行引领和指导。

（2）在行动研究中学习（学校教学工作改进行动、总结与反思、学校教学工作再改进）。

网络研修课程安排详见表 7-11。

表 7-11 网络研修课程安排

模块	课程名称	课程形式
人际沟通	什么是领导力	微课程 + 文本
	感受真正的自我	微课程 + 文本
	沟通中的事实	微课程 + 文本
	沟通方式的差异	微课程 + 文本
	引领陪伴——校长角色定位	微课程 + 文本
教学管理	中国学生发展核心素养建构	微课程 + 文本
	核心素养的学校应答	微课程 + 文本
	运用教学评价，引导学生有效学习	微课程 + 文本
	“评课”的艺术与策略	微课程 + 文本
	培养核心素养的学科教学	微课程 + 文本
教育科研	校本教研与教师专业发展	微课程 + 文本
	如何策划主题教研活动	微课程 + 文本
	如何开展微型课题研究	微课程 + 文本
	研究：教师的生活方式	微课程 + 文本
	教师研究重难点：思维和意识	微课程 + 文本
	教师研究重难点：行动研究例谈	微课程 + 文本
信息化创新	信息技术与学校教育教学变革	微课程 + 文本
	从学习视角看信息技术对教育的影响	微课程 + 文本
	信息技术与学科教学深度融合	微课程 + 文本
课程领导	学校课程建设讨论	微课程 + 文本
	课程校本化的创新实践	微课程 + 文本
	学科文化建设的创新实践	微课程 + 文本
	教师研修课程开发深度揭秘	微课程 + 文本

（四）培训形式

1. 线上 + 线下

搭建学习交流网络平台，设立“线上工作坊”，实现 O2O（线上 + 线下）混合研修模式，同时根据区域形成一个小组，每个小组设置一个小组长，进行小组内同伴互访诊断学习。

2. 培养 + 使用

在培养中使用、在使用中培养。根据实际情况，为学员搭建各种专业发展的平台，开展校长主题论坛，充分发挥培养对象的示范作用。

3. 引导 + 任务驱动

在培训过程中，除了专家组和项目组的学习引导，更重要的是设置一以贯之的任务，让学员通过任务实践进行学习。

4. 本地资源 + 外聘专家

本项目专家组由江门市本地名校长加省内外高校教授、名校长、教研员等组成，在拓展培训视野的同时，培育本地培训者队伍。

5. 集中 + 分散

把集中培训与分散学习相结合，既有集中的学习，又有分散的以小组为单位或在各自的工作岗位上进行的自主学习。

6. 理论 + 实践

把理论学习与实践学习结合起来，一是理论指导实践；二是在实践探索中反思，提升个人理论水平；三是在理论和实践联系中提升初中教学副校长（教学教务主任）的实践能力和学校管理能力。

三、实施过程

围绕教学规划可执行、教师队伍善建设、校本课程会开发、课程实施有效果、教学研究能指导、教学评价有方法六大目标，设置教师引领、教研规划、课程领导、教学评价四大核心内容，以学校教学质量改进为成果导向，以行动研究为主要路径，在学员实现个人专业成长的同时，带动学校教师团队建设，促进学校工作改进和发展。

（一）集中研修，理论学习

1. 第一期：教育科研，教学管理

（1）陈老师做《粤港澳教育比较研究》专题讲座，分享粤港澳教育差异，介绍澳门、香港教育的历史背景及发展状况，比较广东省教育的区别，分析不同的教学管理方式。

（2）邵老师做题为《基于行动研究的学校整体教学质量改进》的专题讲座，通过借鉴医生的诊断和处方方法研究教学，强调个性化教育，注重教师与学生匹配选择。教师要注重师生角色转换，提出推进教学质量提升的新思路、新策略。

（3）胡老师做题为《构建三环智能课堂，提升学校教学质量——基于行动研究的教学改革实践》的案例分析，分享了JY中学行动研究进行教学改革实践，基于“让每一位学生得到发展，让每一位教师施展才华，让每一位家长收获希望”的办学理念，构建三环智能课堂教学模式，围绕“人人自主学习，个个互动合作，师生平等交流，智慧努力共同提高”的预期效果开展。

2. 第二期：教学管理，人际沟通

（1）林老师做题为《如何成就教师专业成长》的专题讲座。分享教师专业成长路径，即针对性的名师培养—名师带动骨干教师成长—辐射全校教师。

（2）蒋老师做题为《组织变革中的中小学校长领导力提升——旁观者的视角》的专题讲座。在分享“员工喜欢的领导特质”的同时，以旁观者的视角提出三个观点：一是中小学校长领导力的认识误区，二是学校团队的建设和学校组织结构的优化，三是提升校长领导力策略。

（3）程老师为大家做题为《决胜未来 赢在中层——学校发展的关键时期拷问中层干部执行力》的专题讲座。提出执行力的三大要素：执行的速度、执行的尺度以及执行的力度。引导学员争当优秀中层领导干部，要定好位，发挥桥梁纽带作用；根据工作实际，拓宽工作思维；多出点子，多想办法，当好校长的参谋助手，为领导决策提供依据。

（4）李老师做《培养什么人，如何培养人，办什么学校，怎样办学校》专题讲座。分析了办学方向践行思路，分享了ZX中学办学理念。从长兴“志”变、教育“志”问、敏行“志”乐、辩证“志”行四个方面诠释了“办老百姓家门口的优质学校”的办学愿景。ZX中学设计“教育即活动，活动即教育”校本课程，实施“国家课程校本化，德育教育课程化，特色教育普及化”，构建文化学科、德育、体育、艺术、综合实践课程立体网状的大课程体系。

（二）教育考察，开拓视野

组织到佛山市学校现场实践，借鉴优秀学校的先进经验，结合学校的实际情况和特点，深入探索教育教学管理的规律和方法，提高教学质量路径。

1. 佛山 WGY 学校实践分享

周校长做《教学管理经验分享》专题报告。报告剖析学校管理案例，从制定六年发展规划——主题发展，整体推进；到以高效课堂年——教学管理之聚焦课堂，分享学校的教学管理经验。

2. 佛山 SNHGCWH 中学实践分享

学校相关人员做《提升教师专业素养，打造教师新样态》专题讲座，分享办学经验。主要内容有：

第一，专家引领，把脉提升（蹲点教研）。

第二，搭建平台，促进成长。

第三，接地气，校级研修。

第四，加强研讨，借力提升。

第五，做好常规教学工作的检查和跟踪。

实践分享项目还安排林老师做《做有未来的创客教育》专题讲座。从创客教育的指导思想、开展历程、开展形式、取得成绩等方面介绍学校创客教育的实践经验。

3. 全国课改名校佛山 GCYY 中学实地访学

龙校长做《“练评讲”教育的理论与实践》专题讲座。讲座从哲学、社会和心理等角度分析“练评讲”教育模式的理论依据，阐述该校“练评讲”教学法是一种融德育与教学管理为一体的教学法。

4. 佛山 SZ（初中部）交流参访

首先，谢副校长做《博雅教育理念下的初中教育改革》专题讲座，介绍学校以教育信息化与学科融合为抓手，开展“B-ice”即“探究 / 会话 / 体验”式课堂改革的情况。

然后，简老师做《学为中心 精准导学》主题分享，介绍了佛山SZ（初中部）基于学习导纲的教学探讨。

接着，英语科组长麦老师以“从价值重塑到课型深耕”为题，介绍如何拾众人智慧，摆渡起航的经验。

最后，观摩学校校本特色活动。

（三）校长论坛，深度研讨

围绕“学校教学质量整体改进”“如何实施有效的小组合作学习”“高效教学模式探索”主题举行论坛，通过活动探讨学校教学如何抓成绩、如何备课、如何落实，探索小组合作学习的最佳方法，让小组合作学习真正为课堂教学服务。

1. 论坛一：学校教学质量整体改进

（1）余校长做《悟师道 兴教育——教师的职业感悟与教学质量的提高》专题讲座，分享职业感悟。以自身对教师职业的感悟为基础，以本校的做法为案例，通过增强教师职业认同感和归属感实现提高教学质量的管理策略。

（2）马校长做《运用信息化手段，走班分层提质量》专题讲座，马校长从当前学校教育的现状引出学校教育存在的问题，提出“走班分层”的必要性，并分享学校通过信息技术和大数据进行教学管理和分析的做法和经验。

（3）“学校教学质量整体改进”圆桌研讨，针对不同生源、不同特色的学校做法提出各自观点。

2. 论坛二：如何实施有效的小组合作学习

（1）郑校长微讲座以问题为导向，从课堂有效教学框架、小组合作学习步骤以及开展小组合作学习的注意要点三方面分享了学校的做法，以地理为例阐述优秀教学设计策略，提出小组合作探究问题的设计能让学生思维的深度与广度得到拓展，也是提高学生解决问题能力的途径。

（2）林校长分享小组合作学习主要经验和做法，从目标展示、自主独学、组内分享、组间分享、互动深化、评估小结六个方面阐述。提出一要重视培训学生组间交流的口头表达、黑板板演等能力；二要在合作活动中发掘一切因素，不仅要培养合作的意识和能力，还要培养学生探究质疑的习惯。

（3）杨老师做《1+1>2: 小组自主合作路径的探索与实践》的线上分享，从小组建立、评价机制、课堂使用等方面分享小组自主合作路径探索的成功经验。

3. 论坛三：高效教学模式探索

（1）邱校长提出高效教学模式探索四路径：要唤醒师生生长力，力促师生内在成长意愿不断生长的学校幸福文化场的形成（氛围）；夯实基础学习力，力促中低年段学习习惯、行为习惯、学习方法、学习能力的形成（基础）；夯实家庭支持力，力促中低年段家长家教的担当力、执行力的形成（家庭）；夯实工作合作力，力促校内齐心和谐、校外齐助共管的同心圆教育环境的有效构建（合力）。

（2）郭老师解读《中国未来学校 2.0 创新计划》，分析以智能化为特征的新科技革命时代背景下，人类社会的育人目标在全球范围内悄无声息地实现着升级、转型与换代，以及课程设置、教学方式、学习方式等发生深刻变化的趋势。

（3）学员们围绕“高效教学模式探索”主题讨论。鹤山市学员分享“四学”模式课堂，在“教”与“学”上下功夫，形成颇具特色的“四学”课堂，即以“导学、自学、助学、评学”为主要环节的课堂教学模式。台山市学员分享“6+5+1 走位分层教学模式”、开平市学员分享“关于高效课堂的一些探讨”，提出分层教学和抓尾巴、促中间的培优辅差做法，值得借鉴。

（四）行动研究，教学改进

分小组围绕“学校行动研究报告”“学校中考高效备考经验分享”“小组研修成果汇报”进行分享汇报。

（五）校本研修，在岗实践

全体学员学习课程，提交作业，参与团队研修；各辅导教师通过组织现场研修、在线答疑、学情督促、作业评比等，对学员进行管理及辅导。

四、培训效果

（一）学员管理能力提升

第一，学员在培训后能够更好地理解教育理论和教学法，提升自己的专业素养。他们能够掌握新的研究方法和数据分析技能，提高教学研究的质量和效率。

第二，教师在学员的指导下能够改进教学方法，提高课堂管理水平和学生参与度。学生的学习成效也有所提升，包括学业成绩、批判性思维能力和创造力的发展。

第三，学员能够引导和支持教师尝试新的教学模式和技术，如翻转课堂、在线学习等。学校和区域教育实践中出现了更多基于证据的创新教学策略和课程设计。

第四，教学管理人员培训有助于建立和完善教师专业发展的体系和机制，教师的满意度和职业稳定性也得到提高。

（二）培训产出成果丰富

本次培训以学校教学质量改进为成果导向，以行动研究为主要路径，形成 30 份学校教学质量行动改进报告，30 场学校微分享，60 篇学员学习报告，1 份总结汇编。

（三）学员学习体验良好

基于“学员满意度调查”的分析发现，在“项目的整体满意度、对本次培训教务管理工作的满意程度”等指标方面满意（含非常满意）达 100%，对每节课程的满意度程度（含非常满意）达 90% 以上。学员们普遍反映，本次培训内容丰富而充实，具有针对性，授课专家整体水平较高，实地交流内容丰富实用，时间安排合理，学用转化收获大。

王老师说：“在江门市学校教学管理人员培训项目研修班学习的感受有四：一是讲授专家的教学风格各有特色，令人眼界大开；二是讲授内容贴近教学管理一线实际，具有可操作性；三是培训工作周到细致，管理规范。四是学员纪律性强，学习觉悟高。”

李老师说：“专家们先进的教学理论和管理理论给我带来了思想上的冲击。作为老师，我们缺乏的并不是实践，而是理论。作为中层干部，站位要高，要多想新办法，以人为本，充分发挥团队力量，提高整体的管理效能。一方面平时要多学习教育教学方面的理论知识，以理论来武装自己的头脑，指导自己的教学行动；另一方面还要善于将自己的做法归纳总结，提高个人专业化能力。”

第三节　江门市“五邑名师大讲堂”品牌活动

一、项目背景

根据《广东省人民政府关于印发广东省推动基础教育高质量发展行动方案的通知》《江门市教育发展“十四五”规划》等文件精神，深入实施“新强师工程”，持续打造具有江门特色的论坛品牌，发挥省市两级名教师、名校（园）长、名班主任的示范带动作用及广东省基础教育教研基地的辐射引领作用，加大江门市高层次人才的培育力度，并通过培育工作带动区域教育质量整体提升，持续彰显江门高品质教育品牌，构建具有江门特色的教师培训模式。

二、培训方案

（一）指导思想与理念

全面贯彻落实党的二十大精神，以习近平新时代中国特色社会主义思想为指导，遵循教育规律和教师成长发展规律，不断加强师德师风建设，坚持以新课程改革理论为先导，以学校教育教学工作实际为依据，切实加强区域教师培训工作，创新教育思想和方法，将名师大讲堂作为教师发展的舞台，培名师、育英才，努力提升教师专业素养，造就一支高素质、专业化、创新型教师队伍，为实现江门高品质教育提供强有力的师资保障。

1. 工作目标

（1）推进区域教研训一体化建立、传播江门教育改革故事

搭建“五邑名师大讲堂”培训平台，通过培训形成新技能、解决新问题、提供新方法。找准教学评一致性作为“五邑名师大讲堂”课程内容设计的落脚点，找准教研训一体化作为“五邑名师大讲堂”学用转化实践的出发点，找准

数字化赋能作为“五邑名师大讲堂”教—研—训—用融合的支撑点，以其推进区域教研训一体化建设、优化教学评一致性实施策略以及传播江门教育改革故事。

（2）探索教—研—训—用融合的培训策略建设，培育一支业务能力强、专业素养高的教师队伍

“五邑名师大讲堂”聚焦本地基础教育发展热点、难点问题和薄弱环节，以解决新课标背景下学校教育教学中凸显问题为导向，以集独创性与实践性于一体且经多年实践验证具迁移应用可行性的典型案例为研究对象，通过组织规范化设计、结构化训练、科学化改进、精细化管理、优质化共享等教学实践优化教—研—训—用融合的培训策略设计，进一步提升广大教师实施新课程能力和教育创新能力，培育一支业务能力强、专业素养高的教师队伍。

（3）探索五阶循证研训实践行动模式建构、创新区域教师培训工作新路径

“五邑名师大讲堂”以“培育—实践—迁移”为培训策略，借助江门市正高级教师、特级教师、名师工作室主持人、全国优秀教师、全国优秀教育管理干部、教育领域专家等名师或校（园）长个人典型应用案例，经复合式教研联合体（高校专家＋本地名师＋学科教研员）培育凝练，采取五阶循证研训方式开展实践行动，系统由培育与凝练、培训与递进、实训与迁移、实践与共享、评价与推广五个环节构成，从名师培育凝练典型应用案例到评价推广采用五次研训活动加工，实施闭环五阶循证研训实践行动，落实每一次研训活动促成一次诊断反馈、促使一次教学策略调整、推动一次效果进阶。通过五阶循证研训实践行动模式探索，努力开创以名校（园）长、名教师、名班主任为示范引领，骨干为中坚支撑，全员参与的中小学校（园）长、教师培训工作新格局，力争在3~5年内将“五邑名师大讲堂”打造成在全省乃至全国范围内具有一定影响力的教师培训品牌，以大讲堂为平台，推动区域教育质量提升。

五阶循证研训实践行动框图如图7–4所示。

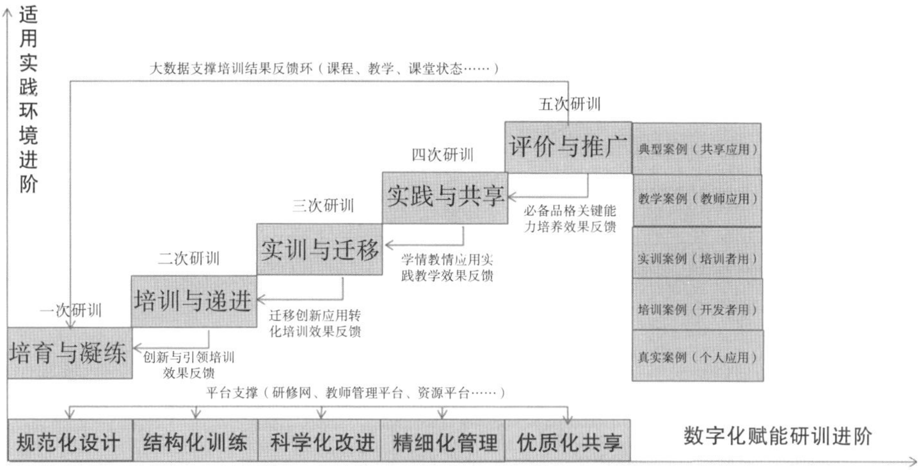

图 7-4　五阶循证研训实践行动框图

2. 活动模式

“五邑名师大讲堂”为综合型培训，以教师或教育教学管理者为培训对象，分为“五邑名师大讲堂”校长系列与“五邑名师大讲堂”教师系列。培训专家以本地名师、名校长工作室主持人为主，充分发挥工作室团队示范引领作用。培训对象为中小学一线教师或校（园）长、班主任等。如图 7-5 所示。

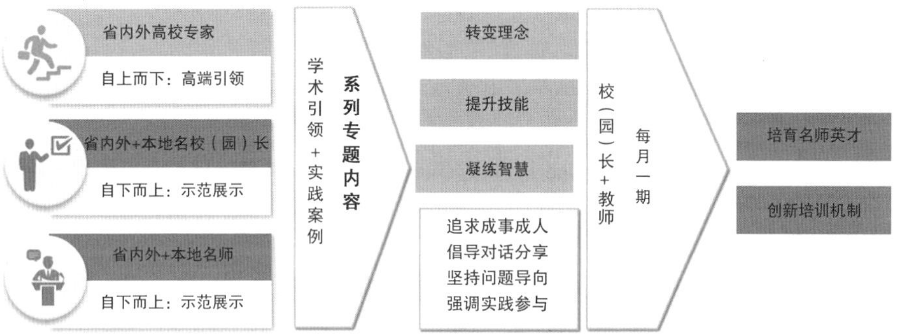

图 7-5　“五邑名师大讲堂”培训

（二）活动内容

培训内容围绕校长和教师专业发展，每个月开展一期名师大讲堂活动，紧扣“双减”及“课改”要求，开设“双减”及“课改”背景下的师德师风建设、中小学课堂教学管理、中小学课后作业设计、教育科学研究、学校管理、校园文化建设、新课程改革、中高考改革、校本课程建设及实施、班级管理、学生生涯规划指导、师生心理健康教育、教师专业成长等课程；涵盖学前教育、义务教育、高中教育各个学段，并逐步深入到各个学科。

（三）活动形式

坚持理论与实践相结合，专题分享与案例研讨相结合，注重学员参与和互动；借助视频直播，同步线下现场听课和线上互动交流的活动形式。

1. 专题分享 / 演讲

授课专家对学校办学的新思考，课堂新方法、新理念加以诠释，有助于听课校长、教师对教育管理实践、教学理念和教学方法的内化，从感性认识上升至理性认识。

2. 主题研讨

开展情景直观、互动性较强的主题研讨，能够彼此之间进行教育管理与教学经验的交流和分享、案例的研讨与反思。

3. 听评示范课

针对参训教师所面临的教育教学实际问题和突出问题，对症示范，并在课后组织现场教师深度评课，引导参训教师对自我教学实践进行反思，使其获得有效解决问题的策略和措施，改善实际教育教学行为。

4. 项目成果展示

与江门市教师队伍梯队建设和人才培养相结合，展现新教师、新锐教师、骨干教师、名教师、教育家型教师等分层教师培训项目成果与优秀个人成长故事。

三、实施过程

（一）实施情况

截至 2023 年 12 月，“五邑名师大讲堂”共计开展 27 期，围绕“双减”背景下的作业设计、单元教学、学校管理、班级育人等主题，邀请 38 位省内高校专家精准指导，46 位江门市名师名家示范带课，23 位县区名师实训带课，一批一线教师课堂实践，三层次同课异构让案例研究层层加深，迁移应用策略层层递进，“培育—实践—迁移”闭环教研训模式有效实施，虚实融合成为教师研修的新环境，进一步助推各类培训者凝练教育教学主张与思想，提升广大教师实施新课程能力和教育创新能力，在省内打响了江门五邑名师大讲堂的论坛品牌。江门市“五邑名师大讲堂”主题汇总如表 7–12 所示。

表 7–12 “五邑名师大讲堂”主题汇总

期号	主题
第一期	推动“双减”落地见效　江门小学数学这样做
第二期	深挖语文课堂潜力，彰显“双减”政策成效
第三期	以校本研修推动学校高品质发展——“开放・活力・高效”课堂构建
第四期	大单元・小板块・合作式小学语文自主高效课堂实践探索
第五期	以校本研修推动学校高品质发展——构建高品质语文课堂，成就高品位语文名师
第六期	绘本教学・融合创新———基于核心素养下小学英语绘本阅读教学探究
第七期	“教—学—研”深度融合・大单元设计下初中英语阅读深度教学实践
第八期	智慧迎“双减”幸福再起航
第九期	基于普通高中化学课程标准、教材内容的实践与探索
第十期	新课程标准（2022 版）视角下学校课堂教学方式变革的思考与实践
第十一期	讲好中国故事——构建深度阅读课堂，培育学科核心素养
第十二期	全球胜任力课堂之向世界说好中国故事
第十三期	聚焦初中整本书阅读 探索语文高质量教学
第十四期	把握历史高考难点　提升二轮复习效率
第十五期	聚焦学科核心素养　探索音乐情趣课堂
第十六期	实验探究促进科学思维　情境创设落实物理素养
第十七期	探索质效双增路径　发展学生数据意识
第十八期	探索生活语文有效教学　提升培智学校教研质量
第十九期	探索亲子沟通有妙招　赋能家校共育促成长
第二十期	聚焦深度教学研究　发展学生核心素养
第二十一期	探索校本劳动课程　培育学生核心素养

续表

期号	主题
第二十二期	打造朗润教育品牌　引领学校创新发展
第二十三期	创建特色品牌学校　探索高质量发展路径
第二十四期	共绘乡村教育同心圆　构建思政育人新格局
第二十五期	聚焦学科核心素养　提高英语听说能力
第二十六期	聚焦语文核心素养　探索习作教学路径
第二十七期	根植本土文化　培育时代儿童

（二）组织路径

1. 训前活动宣发

宣传载体：除通过行政发文外，结合活动主题，借助合作机构直播平台及其公众号推送直播主题活动的宣传文章。相关安排如表 7–13 所示。

表 7–13　训前活动宣发安排

活动宣传阶段	时间安排	需提供材料
前期预热	活动前 7 天	提前 7~10 天提供活动背景、活动目的、活动议程、活动特色等内容。
集中预告	活动前 1~2 天	
活动当天宣传	直播当天	

2. 多种呈现形式的活动直播

活动环节采用示范课展示、教育沙龙、主旨分享等多种形式，增加活动呈现的丰富性和实效性，并采用广电级别效果全国直播。

3. 训中组织全市观看或者回看

结合学校教研安排，由各校组织安排教师进行观看或者回看，并由学科组长组织教师进行小结与反思，相应小结与反思材料作为认定教师个人选修课的主要依据。

4. 训后活动宣传与问卷调查

每期活动结束后，均会回收满意度调查问卷及开展活动总结宣传，每期生成活动资源在江门市教育资源公共服务平台持续展播。

四、培训效果

（一）“五邑名师大讲堂”实现三大创新

1. 模式创新

“五邑名师大讲堂”五阶循证研训模式经多年实践探索形成，它为区域“示范带学”式培训提供一套完善的教—研—训—用典型案例，规范流程、规范系列表格、规范五层研训目标任务及方法，为区域教研训一体化建设提供新思想、新方法。

2. 实践创新

数字化赋能教研训实践采用“诊断—行动—矫正”的数据赋能链，教师研修虚实融合，支撑教研训一体化与深度学习实践系统化推进，让案例研究层层加深，迁移应用策略层层递进，为区域教师培训体系建设提供新思维、新途径。

3. 应用创新

数字化赋能规范化设计采用“条件分析—任务分析—可视化制作—评价改进”赋能链，支撑教学评一致性与深度学习实践系统化融合，形成设计与应用一致性，聚焦课堂教学融合创新，确保找到新知识学习与原有知识学习的相关联系，确保新知识学习有应用迁移方向或训练，让迁移发生，为区域教师培训学用转化提供新思路、新策略。

（二）“五邑名师大讲堂”形成四大鲜明特征

第一，为高端人才搭建“培训＋使用”平台。充分整合本市的省市名师名校长工作室主持人、特级教师、正高级教师等各类高端人才，为其搭建展示与经验输出平台，解决培训与使用脱节问题。

第二，使教师培训管理科学化。信息传递数字化，实现考勤、观看时长、评价等多项功能整合，并且通过大数据可以及时分析教师研修行为，使培训内容制定与推送更加精准。

第三，深度结合移动智能终端。教师随时随处可学、可参与讨论。

第四，让教师研修活动更加灵活化。依托互联网直播，有效地解决了线下培训过程中存在的时间与空间有限的问题，并能及时传播热点给全域教师。

（三）“五邑名师大讲堂”产生五大应用成效

第一，搭建数字资源整合案例资源库。

第二，智能数字资源演变为教师口袋书。

第三，多类标签丰富教师研修可选菜单。

第四，虚实融合成为教师研修的新环境。

第五，研修行为可以记录分析有效监督。

（四）“五邑名师大讲堂”培养教师循证研训思维

“五邑名师大讲堂”活动主题源于教学一线，受到学员广泛欢迎。活动形式既有一线教师普遍喜欢的课例展示及点评，又有理论专家抽丝剥茧围绕核心问题的阐述，更容易聚焦问题、解决问题，引导教师积极投身循证研训思维训练。

第四节 江门市信息技术应用能力提升工程 2.0 专项培训

一、项目背景

21 世纪是一个信息化的世纪，以计算机和网络技术为核心的现代技术正飞速发展，传统的教学方式和学习方式已经不适应时代的要求，教师信息技术应用能力提升迫在眉睫。经调研，江门市基础教育面临着以下亟需改进的问题：

一是支撑教师专业发展体系不完善，层级管理架构不明晰，未能充分发挥教师发展机构的主阵地作用。

二是信息技术与教育教学深度融合的管理目标缺乏明确性、机制缺乏详尽性，造成体制和制度环境不健全。

三是教师信息技术应用能力差异较大，城乡教师信息技术应用能力不均衡，学教评一致性实践与应用技术不同步。

为贯彻落实《广东省中小学教师信息技术应用能力提升工程2.0实施方案》等文件精神，2020 年 9 月，江门市启动实施能力提升工程 2.0 项目，紧紧围绕“三提升一全面”的总体发展目标，建立“区域协同、推进责任、资源保障、研训指导、技术服务、整校推进、督查整改、评估验收、应用示范”九项机制推进“五维应用”，构建了“一核五维九机制”的江门推进模式。

二、方案策划

（一）创新理念，探索能力提升工程 2.0 推进的江门模式

通过组织调查论证，成立能力提升工程 2.0 办公室，制定区域规划，着重解决组织、责任、措施、保障及监管五个到位。融合提升工程 2.0 实施课改同步走计划，从熟练应用、整合应用到创新应用，构建“一核五维九机制”的江门推进模式。如图 7–6 所示。

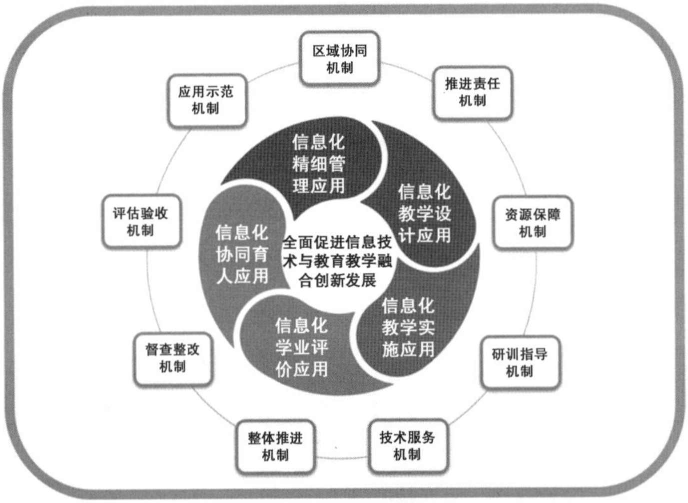

图 7-6 “一核五维九机制”江门模式

（二）创新方法，探索能力提升工程 2.0 五维应用突破

数字赋能教学方式变革，促进课堂教学改革，融合能力提升工程 2.0 中 28 个微能力点，结合区域深度学习课堂教学改革，扎实推进“信息化教学设计应用、信息化教学实施应用、信息化学业评价应用、信息化协同育人应用、信息化精细管理应用”五维突破；形成区域教学实施范式，融合信息化教学设计理念，引入评价量表，实施教与学评价分析，聚焦学生学业成果与行为表现达成度，关注知识近迁移与远迁移的运用效果。

（三）创新机制，探索能力提升工程 2.0 推进责任落实

聚焦统筹规划，研制区域考核实施细则，开展抓规划、抓机制、抓队伍、抓示范、抓考核、抓成果等六项工程；全力提供资金保障，提供微能力考核的平台支持；统筹信息技术应用能力培训资源建设，组建专家团队，培育智能化教育领航名师名校长，实施乡村教师信息化培训精准帮扶，加强过程性指导；九项机制扎实推进，其中研训指导机制实行学习指导、活动、资源、评价四落实，设置两支队伍多个板块形式，增设科教研团队，探索未来教育方向，引领区域深度学习方式改革。

（四）创新路径，探索能力提升工程 2.0 推进整体发展

区域应用能力提升工程 2.0 始终围绕技术、知识、教与学的融合，设计三

大推进体系。组织实施推进体系以学教评一致性实践模式为载体确保策略的有效实施；指导培训推进体系制定教研训与管理机制，组织、指导、保障教研训实践落实，完成整校推进的任务；教学模式创新推进体系以县区级学科教研员为主导，创新应用环境，培训应用能力，搭建信息化应用的立交桥。整体推进系统图如图 7–7 所示。

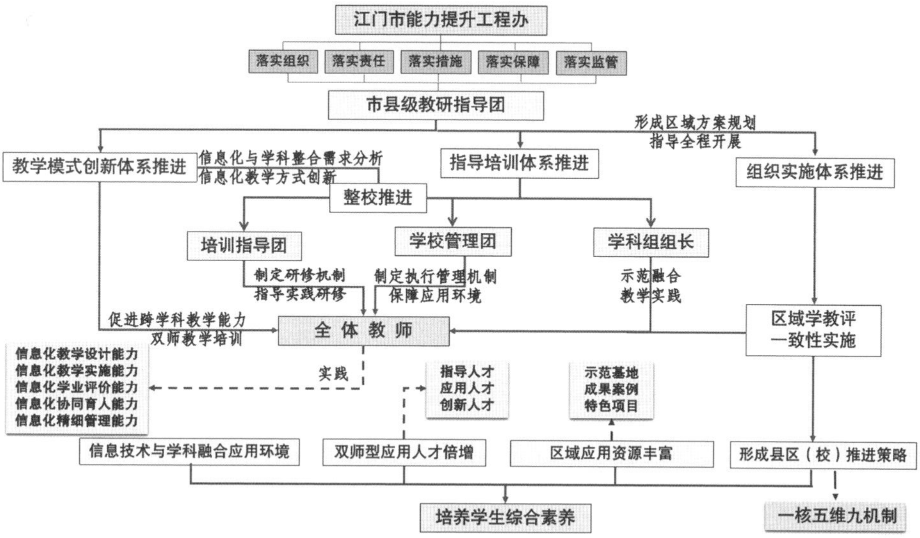

图 7–7 整体推进系统图

三、培训方案

（一）指导思想与理念

能力提升工程 2.0 项目的指导思想与理念是强调以校为本、基于课堂、应用驱动、精准测评，注重更新教育观念和创新培训模式，旨在提升教师的信息技术应用能力和教育教学水平，推动教师的专业发展。

1. 指导思想

为贯彻落实《教育部关于实施全国中小学教师信息技术应用能力提升工程 2.0 的意见》等文件精神，适应教育信息化发展趋势，注重实践应用，促进教师专业成长，推动教育信息化与教育教学的深度融合，能力提升工程 2.0 项目为教师培训提供明确的方向和目标，促进教师教育教学能力的提升和教育信息化的深入发展。

2. 培训理念

以技术赋能教育为核心，强调能力导向、实践导向、精准测评以及关注差异。这些理念将指导整个培训过程，帮助教师提升教育教学能力，推动教育信息化的深入发展。

技术赋能教育：强调利用现代信息技术，如人工智能、大数据、云计算等，为教育赋能，提升教学质量和效率。通过培训，教师能够熟练掌握并应用这些技术，创新教学方法和手段，为学生提供更加优质的学习体验。

能力导向：以教师在真实教育教学情境中的行为表现为考核依据，重在提升和发展教师实践能力。

实践导向：以采集和提交教学实践证据的方式，推动教师基于课堂教学开展自主学习、实践应用和自我反思。

精准测评：将教师的信息化教学能力分解为若干具体、明确且相对独立的应用能力点，促进教师准确理解、精准提升和快速发展。

关注差异：能力点区分了不同学校环境和教学环节的信息技术应用要求。教师可以根据学校实情和个人需求自主选择参与，体现学校发展和个体发展的差异。

（二）课程模块与内容

1. 骨干培训

本阶段培训对象是学校管理团队和学校培训团队，目的是提升信息化管理团队规划设计方案、组织实施校本研修与校本应用考核等能力。集中培训结束后，学校管理团队返岗实践，完成学校提升工程 2.0 整校推进的规划、组织与实施。课程安排如表 7–14 所示。

表 7–14　集中培训课程安排

模块	课程专题	主要内容	培训方式
项目理解	提升工程 2.0 理解与行动	对教育部、广东省 2.0 实施意见、校本应用考核（能力点解读）等文件进行解读	主题讲座 互动答疑
	“整校推进”实施路径	解读项目实施思路与整校推进路径	
规划设计	“一校一规划”研磨	1. 训前准备阶段学校完成的信息化教育教学发展规划样例分享 2. 在专家指导下，学校打磨完成本校的学校信息化教育教学规划并分组展示	分组讨论 专家指导 展示分享

续表

模块	课程专题	主要内容	培训方式
应用指导	基于微能力的校本实践	了解微能力的概念，欣赏优质微课，学习学情分析及探究活动的设计，掌握微课教学的基本技巧	主题讲座 互动答疑
	技术支持的领导力实践模型分享	介绍如何组织与实施基于信息技术的教科研活动，以促进教师信息化教学能力提升及管理者信息化领导力提升	案例解析 互动答疑

2. 整校推进

整校推进分网络研修和校本应用实践两部分。组织全体教师开展 25 学时网络研修和 25 学时校本应用实践。

（1）专家结对指导

为夯实整校推进，市工程办组织专家团队针对每所学校进行指导，具体安排如表 7–15 所示。

表 7–15　专家团队指导安排

培训主题	培训形式	培训内容	预期产出
学校两案撰写指导	第 1 次指导	1. 学校汇报“学校教育教学信息化发展规划”与“校本研修与考核方案” 2. 进入一个学科组观摩课堂，与学科组互动交流，指导学科组研修计划、课堂教学、主题内容与教研有效性 3. 专家针对学校两案、教研组计划等进行指导	学校两案
整校推进绩效考核指导	第 2 次指导	根据整校推进绩效考核要求，指导课堂及项目成果	整校推进验收材料

（2）网络研修

市工程办依据提升工程的政策要求，结合区域和学校信息化发展现状，设计了“优化教学深度融合、翻转课堂个性学习、项目学习跨学科教学、数据驱动精准教学、在线学习精准帮扶、特色创新个性发展”等六个维度的课程供学校选择学习。每个成果维度涵盖相关能力点，学校确定成果维度模式，学科教研组确定能力点研修范围，教师选择对应的能力点课程进行学习。课程安排见表 7–16。

表 7–16　成果维度——能力点课程安排

优化教学模式	翻转课堂模式	项目学习模式	数据驱动模式	在线学习模式	特色创新
A1 技术支持的测验与练习 A2 数字教材应用及数字教育资源管理 A3 微课程设计与制作 A5 技术支持的课堂讲授 A6 技术支持的总结提升 A7 技术支持的方法指导 A11 技术支持的展示交流 A13 评价量规设计与应用 A14 自评与互评活动的组织 G1 多技术融合教学的方法与策略 G2 多技术融合环境下教研活动组织或参与 G3 多技术融合环境下教学模式创新	A1 技术支持的测验与练习 A2 数字教材应用及数字教育资源管理 A3 微课程设计与制作 A4 探究型学习活动设计 A10 学习小组组织与管理 A11 技术支持的展示交流 A14 自评与互评活动的组织 B5 基于数据的个别化指导 G1 多技术融合教学的方法与策略 G2 多技术融合环境下教研活动组织或参与 G3 多技术融合环境下教学模式创新	A4 探究型学习活动设计 A7 技术支持的方法指导 A10 学习小组组织与管理 A11 技术支持的展示交流 A13 评价量规设计与应用 A14 自评与互评活动的组织 B1 跨学科学习活动设计 B2 创造真实学习情境 B3 创新解决问题的方法 B4 支持学生创造性学习与表达 G8 智慧教育环境下教学模式创新	A1 技术支持的测验与练习 A6 技术支持的总结提升 A13 评价量规设计与应用 A10 学习小组组织与管理 G4 基于数据分析的学情诊断 G5 基于智能反馈的学情分析 B6 应用或创建数据分析模型 B3 创新解决问题的方法 G6 智慧教学的方法与环境 G7 智慧教育背景下教研活动组织或参与 G8 智慧教育环境下教学模式创新	A1 技术支持的测验与练习 A2 数字教材应用及数字教育资源管理 A3 微课程设计与制作 A8 学生信息素养培养 A12 家校交流与合作 G4 基于数据分析的学情诊断 G5 基于智能反馈的学情分析 B2 创造真实学习情境 B5 基于数据的个别化指导 G1 多技术融合教学的方法与策略 G2 多技术融合环境下教研活动组织或参与 G3 多技术融合环境下教学模式创新	学校自主确定能力点范围（7~10 个）

网络课程围绕两种教学模式（多技术融合模式与智慧教育模式）、四个教学维度（学情分析、教学设计、学法指导、学业评价）的 28 个微能力点精准设计网络研修内容，围绕教师教学中遇到的真实问题和解决方法开发课程，提供注重实践的课程。课程安排见表 7–17。

表 7–17 网络课程安排

类别	维度	模块	内容
必修课程	政策与热点通识	教育信息化现状	教育现代化
		国家政策解读	《全国中小学教师信息技术应用能力提升工程 2.0 整校推进实施指南》解读
		创新应用类	“互联网 +”时代下的教育变革与创新
			新技术对教育教学的影响
	应用案例	教学策略与实践案例	涵盖中小学不同学科、学段信息技术与教育教学融合应用案例；涵盖“学情分析”“教学设计”“学法指导”“学业评价”四个维度的能力点课程等
选修课程	学校管理团队	校长信息化领导力标准	校长信息化领导力标准解读、数字校园建设规范解读、学校信息化建设的规划与设计
	学校培训团队	信息化教研	信息技术支持下的教研活动的组织与实施
	教师	信息素养	教师信息化素养、信息化安全与道德

（3）校本实践

①开展校本研修

在区域研训团队和专家团队指导下，学校制定发展规划，自主组织实施，以问题为导向，以专题研修为抓手，灵活选取专题讲座、教学案例研讨、课堂实录分析等多种形式开展校本研修，创建线上工作坊，建立起“骨干引领、教师选学、团队互助、学校指导”的学校研修共同体，形成“学校指导有方案，教研组互助有计划，教师选学有清单”的校本研修机制。具体安排如表 7–18 所示。

表 7–18 校本研修安排

步骤	学校管理团队	教研组	学员
第一步定方向	制定本校信息化教育教学发展规划与校本研修考核方案，组建校本研修小组，确定整校研修方向	教研组 / 备课组依据学校发展规划，确定研修实施思路	—

续表

步骤	学校管理团队	教研组	学员
第二步 定计划	召开学校校本研修动员大会	教研组讨论、制订研修计划，组织本组学员对所选信息技术能力点开展研修	围绕研修计划及相应的能力点制订信息技术应用能力提升计划
第三步 做实践	组建活动：基于学校信息技术环境，提供支持保障	以教研组为单位，开展课例研磨活动，提炼经验做法，打磨学习成果 一轮讨论：根据本学科教学内容特点，讨论可以用于课堂呈现的信息技术工具 二轮讨论：根据校本研修主题，围绕自主选学内容开展讨论，确定信息技术工具在学科中应用的方法，完成教学设计 三轮讨论：组织学员结合自己的教学设计开展说课、研课活动	开展课堂教学，通过对比，提取他人经验做法，完善自己的教学设计与实践 一轮实践：结合讨论结果开展课堂教学设计 二轮实践：根据说课、研课的反思，完善课堂教学设计 三轮实践：课堂教学组织与实施
第四步 展所长	根据校本研修方案，建立测评机制，组织全校观课、议课及展评活动	组内讨论推荐 1~2 位优秀代表参加学校示范课展评活动	积极参加学校组织的观课、议课活动
第五步 汇经验	形成校本研修典型案例	归纳学科组研修特色	总结个人研修经验

②组织区域联研

为进一步促进教师信息技术与课堂教学融合，优化课堂教学，市工程办引入珠三角其他地市的名师资源，采用现场集中 + 网络直播方式，开展同课异构与教研活动，引领区域校本研修。

3. 总结提升

以校本应用考核和优秀案例征集评选活动为抓手，总结提炼项目实施的经验与成果，开展优质成果评选与展示交流活动，推广区域整体推进典型案例。

（三）培训形式

本项目采用成果导向，整校推进；混合研修，活动引领；以学促用，以评促学等形式开展培训。

1. 成果导向，整校推进

聚焦教育教学问题，教学问题点对应能力点，能力点对应技术功能点，技术功能点对应成果佐证材料。通过“一课多点”课例研磨，将每个人的研修任务与教研组产出的成果结合起来，学校以“一体两翼、双线并进”的整校推进模式进行实施，将 2.0 培训与学校教研建设、校本研修工作结合起来。

2. 混合研修，活动引领

将全员网络课程学习与校本应用实践相结合，鼓励学员线上学、线下研、课中做，促进有效学习。将线下活动与在线“同步 + 异步”活动相结合，围绕阶段目标，组织线下集中、入校指导，线上全员启动、在线答辩、专家答疑、成果交流等活动，精准指导，引领研修。

3. 以学促用，以评促学

将网络研修和校本实践所学运用到工作中，在平台提交个人提升总结，将个人能力点实践作业线下提交至学校，学校进行综合实践测评；将研修考核与成果生成相结合，参训教师通过网络平台完成基本考核。

三、实施过程

（一）前期谋划，精准设计

1. 精心设计研修目标

在深入调研的基础上，坚持实践导向和问题导向的“双导向”设计理念，以成果为核心，围绕“三全面一提升”的总目标，制定出区域发展、学校发展、教师研修的研修目标，使每个角色都能掌握和实践各自的任务，层层递进。

2. 任务驱动，知行合一

培训要取得成效，需要培训团队、管理团队、教师三者联动，需要清晰的实施路径和规划，保证项目在执行期间高质、高效完成，如表 7–19 所示。

表 7–19　任务驱动培训安排

主题	内容	成果产出
启动会	能力提升工程 2.0 启动会	提高学校信息化管理团队、校本研修指导团队对项目方案、整校推进思路的理解，提高信息化管理团队的信息化领导能力和研修指导团队的指导能力
两案指导	专家指导修改“一划两案”	学校进一步梳理“两案”存在的问题，提高科学性
整校推进	提交“两案”并报送参训名单	市项目办审核
	学校根据能力点选课	教师根据教研组能力点选课
	学校组织开展网络研修	教师开展网络研修
	校本实践	个人成果：个人能力学习计划、个人能力学习总结 科组成果：学科案例
专家指导	专家进校指导；学校继续对融合创新成果进行打磨和优化，形成本校优质案例	校级成果：学校典型课例
项目验收	提交整校验收材料	形成整校推进工作经验
	市级研训团队评审认定	研训专家评审整校推进材料
	市项目办抽查	对评审结果进行复核
成果征集	本地特色资源征集活动	学校整校推进成果：整校推进经验、信息化管理成效、典型研修案例 学科教学成果：教学全景再现、融合创新说课、技术操作说明、教学应用点评
后续跟进	学校结合自身发展需求，在 2.0 工程基础上深化学校教育信息化建设，项目组长期分享研修直播课程	促进学校教育信息化发展建设机制

（二）先建团队，有效启动

1. 精准实施骨干培训

在全员启动前，组织学校管理团队、培训团队开展 2 天的面授培训，目的是让学校明确项目实施思路和实施路径，有效制定信息化教育教学发展规划、校本研修方案及考核方案。

2. 科学制定“一划两案”

学校基于信息化环境选定信息化教学模式，确定学校能力点范围，制定“信息化教育教学发展规划”和“校本研修与考核方案”，引领教师网络研修及校本应用实践方向。

（三）整校推进，边学边用

参训学校按照“动员大会—教研组协商—骨干团队培训—教师线上学习—校本实践与考核”的流程组织项目实施行动。围绕学科信息化教学创新目标，找准能力短板，制订教师信息技术应用能力提升计划，根据所选能力点完成对应能力点线上课程学习。

四、培训效果

（一）形成市县两级教师发展机构完整统筹机制

市教师发展中心总体统筹，夯实市县教师发展机构专业支撑，促进区域特色教研训一体教师服务体系，初步形成“区域协同、推进责任、资源保障、研训指导、技术服务、整校推进、督查整改、评估验收、应用示范”等九项项目统筹机制。

（二）促进信息技术与教育教学的创新融合发展

教师信息技术应用能力整体提升，智慧教育平台优化支撑信息化环境升级，教学情境有效构建，改变了评价精度，改变了学生全面发展测量途径，促进区域学教评一致性实践。

（三）推动基础教育优质均衡发展

该培训项目有效促进了区域教育均衡发展，区域西部乡村教师参加各类活动和获奖人数大幅增加，信息化水平明显提高；基于提升工程网络研修社区建设，协同在线教研、校本研修与工作坊等活动促进区域东西部教师专业素养协调发展；数字赋能“五邑名师大讲堂”系列活动激发名师名课示范效应；试点学校、课堂教育改革实践基地及教育集团协同推进，实现教育资源共建共享。

后　记

高质量教师是高质量教育发展的中坚力量。《中共中央 国务院关于全面深化新时代教师队伍建设改革的意见》强调兴国必先强师，教师队伍建设目标必须聚焦教师培养培训体系建设。《新时代基础教育强师计划》进一步强调坚持把教师队伍建设作为基础工作来抓，加快构建教师思想政治建设、师德师风建设、业务能力建设相互促进的教师队伍建设新格局。

面对日益增长的教育需求和不断变化的教育环境，我们直面挑战，对高质量教师培训体系构建开展深入研究与实践。我主持了广东省教育科学规划2022年度中小学教师教育科研能力提升计划重点项目“构建与基础教育高质量发展相匹配的教师培训课程体系——以江门市为例”（课题编号：2022ZQJK050）和广东省第三批基础教育校（园）本教研基地项目。同时我基于江门市教师发展现状，结合国内外教师培训体系建设理论，经过多年对教师专业发展的范式、阶段、途径、方法与评价的研究和实践，建构了区域三类五阶段培训模式，打通“新任→胜任→精干→专家→引领”五阶共进成长通道，搭建并完善了市、县、校联动的教师培训支撑体系，建强健全了分级负责的教师培训管理体系，以及建立规范了分级分层的关键人群梯度培养体系，构建了教师培训体系建设的政策保障、管理保障、机制保障的保障体系，初步形成了具有江门特色的教师培训体系，为区域培养了一批高素质教师支撑基础教育的高质量发展。

本书得到韶关学院黄华明五级组织员及其团队的精准指导，在这里由衷感激。黄华明五级组织员教育经验丰富，对区域教师培训与教师专业发展提出了高屋建瓴的指导意见；童顺平博士对区域教师培训与教师专业发展的学用转化操作性提出了切实可行的指导意见；杨莲博士和白有凤老师对本书中的培训案例做了必要的修补和润色工作。在开展高质量教师培训实践探索的过程中，得到了广东第二师范学院于慧、钟辉燕、翟雪梅老师及中国教师研修网禹连春、胡霞丹老师对区域教师培训实践的精心指导，感谢你们。感谢与我一起并肩作战的同事及课题组成员，他们分别是丁玉华、陈志鸿、左全晟等。由于时间仓促，书中错漏之处恳请读者批评指正。

刘丽灯

2024年5月